DE L'AUTORITÉ

DES ORDONNANCES

ROYALES

Sur les Tribunaux ;

par

M. Yzard,

JUGE DU TRIBUNAL CIVIL DE BORDEAUX.

C'est le propre de la seigneurie publique ,
d'être exercée par justice et non pas à
discrétion.

— Loyseau, *des seigneuries, liv.* 1, *ch.* 2, *n.* 9.

PARIS,

ALEXANDRE MESNIER , LIBRAIRE , PLACE DE LA BOURSE;

BORDEAUX,

TEYCHENEY, LIBRAIRE, RUE ESPRIT-DES-LOIS, N. 19.

DÉCEMBRE M. DCCC. XXXII.

DE L'AUTORITÉ

DES ORDONNANCES

ROYALES

SUR LES TRIBUNAUX.

C.

DE L'AUTORITÉ

DES ORDONNANCES

ROYALES

Sur les Tribunaux;

par

M. YZARD,

JUGE DU TRIBUNAL CIVIL DE BORDEAUX.

C'est le propre de la seigneurie publique,
d'être exercée par justice et non pas à
discrétion.

LOYSEAU, *des seigneuries, liv.* 1, *ch.* 2, *n.* 9.

PARIS,

ALEXANDRE MESNIER, LIBRAIRE, PLACE DE LA BOURSE;

BORDEAUX,

TEYCHENEY, LIBRAIRE, RUE ESPRIT-DES-LOIS, N. 19.

∞∞∞

DÉCEMBRE M. D. CCC. XXIX.

AVANT-PROPOS.

I<small>L</small> y aurait quelque chose de fort extraor-
dinaire dans la situation d'un peuple, chez
lequel le simple exposé des principes de ses
lois organiques et de leurs conséquences
pourrait prendre la couleur d'un acte d'opposition.

Un pareil résultat ferait supposer de graves désordres, et signalerait l'existence
d'un pouvoir mystérieux qui, cherchant à
substituer son influence à celle de l'ordre
légal, n'adopterait le gouvernement solennellement établi, que sous condition, et
se revêtirait de ses formes pour mieux en
étouffer l'esprit.

A diverses époques de la révolution, les
factions qui tour-à-tour dominaient la France,
s'empressaient de proclamer, pour arriver
au pouvoir, quelques principes de sagesse
ou de liberté que les gouvernans répudiaient
dès qu'ils croyaient n'avoir plus besoin de

ménager l'opinion publique. Cette funeste
tactique nous a valu la série des constitutions inscrites dans nos tristes annales. L'u-
surpation militaire s'y montra fidèle ; et le
texte de l'acte républicain de l'an VIII , fut
promptement enseveli sous les commentai-
res des sénatus-consultes destinés à fonder
l'autorité sans bornes d'un seul.

Si la restauration a dû consacrer ce qu'il
y avait de sage et de légitime dans les principes du mouvement politique de 1789 ,
elle a proscrit à jamais les œuvres et les
moyens de ce délire anarchique , où tant
de crimes d'une part , tant d'imprévoyance
de l'autre, précipitèrent notre pays. Ce serait
donc rabaisser la royauté au niveau de la
démagogie , et méconnaître la franchise , la
loyauté qui ont dicté les institutions de la
monarchie constitutionnelle , que de les
considérer comme des concessions provisoires qu'on serait toujours à tems de révo-
quer.

Comment se fait-il , cependant , qu'un
aussi coupable outrage à la religion de nos
princes , n'épouvante pas ceux - là même

qui prétendent exclusivement à l'honneur du dévoûment et de la fidélité ?

Une réponse complète à cette question, exigerait de longs développemens dans lesquels nous ne pouvons nous engager. Il nous suffira de dire : Que ce n'est pas la première fois que, dans l'ordre politique et moral, de nouvelles combinaisons sociales ou de nouvelles vérités ont éprouvé des obstacles à se frayer un passage au travers des ruines des anciennes institutions et des vieux préjugés.

Le christianisme, à son origine, vit aussi des *demeurans d'un autre âge* protester contre le siècle qui s'avançait désabusé des dieux du Capitole. Aux divins enseignemens des apôtres, ils opposaient les coutumes antiques et la foi due au culte des aïeux. La génération nouvelle embrassait avec ardeur les vérités de l'Évangile, et tandis que le jeune *Eudore* les attestait par son martyre, rien ne pouvait arracher du temple de son Apollon le vieux père de *Cymodocée*.

N'est-ce pas encore cet opiniâtre attachement aux anciennes erreurs, qui condamnait

✶✶

Galilée, pour avoir dit que la terre tournait; qui protégeait les subtilités de la scholastique d'Aristote, contre les leçons de la philosophie de Descartes; et qui, toujours constant dans sa haine pour les lumières nouvelles, proscrivait en France le système du sublime Newton?

Ainsi vont les choses; et l'on ne trouverait pas une institution généreuse, une découverte utile, qui n'ait eu pour adversaires, à sa naissance, ces sortes d'esprits immuablement enchaînés au joug de leurs anciennes routines.

Ne soyons donc pas surpris si, de nos jours, des personnes fort honorables, sans doute, ne peuvent s'accommoder des formes de nos institutions politiques, introduites par les progrès de la civilisation et la marche irrésistible des derniers siècles. Tous les regrets ne sont pas moralement injustes; peut-être même, le regret de quelques avantages exclusifs, dans un régime détruit, mérite-t-il plus de consolation que de blâme; mais qu'on se garde, comme d'un crime, d'associer le père de la patrie, celui qui ne peut avoir en vue que le bonheur de tous ses enfans, aux espérances chimériques du retour vers un état social destiné à satisfaire uniquement des vanités déchues.

Pour nous qui appartenons à cette génération dont l'enfance fut épouvantée par le retentissement de la chute d'un trône et le tumulte de l'ivresse populaire ; dont la jeunesse, placée sous la coupe du chef militaire, ne l'a connu que par l'énormité des sacrifices qu'il nous imposait ; en vouant à la personne de nos Rois une fidélité vierge, c'est pour eux et par eux que nous nous sommes attaché, avec conviction, à l'ordre politique qu'ils ont régénéré.

Le règne du Monarque que nous avons pleuré, témoigne assez de ses hautes pensées, de sa ferme volonté, pour le développement successif des principes consignés dans sa Charte constitutionnelle. La France a entendu les sermens de Rheims, comme ils ont été prononcés par Charles X, ce noble comte d'Artois, de qui le prince de Ligne écrivait jadis : « Sa franchise et « son bon cœur qui paraissent toujours dans

« tout, me séduisent ». Certes, il n'y a ni arrière-pensée, ni restriction dans le serment d'un Petit-Fils de Saint-Louis, en qui revit toute la loyauté des preux de son illustre race.

Ces considérations suffiront, sans doute, pour rassurer des personnes qui, animées d'un zèle plus bienveillant qu'éclairé pour les intérêts de l'auteur de cet écrit, ont vu dans sa publication un acte d'imprudence ou de témérité.

L'homme voué par état au culte des lois, peut-il être imprudent ou téméraire, lorsqu'il s'attache à l'étude des lois politiques de son pays ? Nous nous y sommes livré avec d'autant plus d'ardeur, que cette étude nous paraît un devoir rigoureux. Nous avons recherché, avec soin, toutes les conséquences d'application du droit public des Français à la justice privée; et comme les vérités légales ne nous semblent pas au nombre de celles que le prudent Fontenelle eût conseillé de tenir cachées, nous croyons utile de livrer au public le résultat de nos recherches.

Les élémens de notre conviction, sur le point important qui fait le sujet de l'ouvrage qu'on va lire, ont été puisés aux sources les plus pures du droit. Depuis long-tems, nous avions réuni nos matériaux, établi nos preuves, lorsque la réponse, aussi profonde qu'énergique, adressée par Sa Majesté Charles X, à la Cour royale de Paris, le 1.er Janvier 1825, vint jeter une nouvelle lumière sur nos études, et leur prêter, en quelque sorte, la sanction du plus auguste suffrage.

Aujourd'hui, les saines doctrines de l'ordre légal ont pénétré plus avant dans les esprits et les cœurs; tous les doutes, cependant, ne sont pas éclaircis, et nous arrivons encore assez tôt, pour unir nos faibles efforts aux travaux des amis sincères du trône et des libertés publiques : c'est un grain de sable que nous ajoutons à tant d'utiles matériaux rassemblés de toutes parts.

Ayant pour objet l'influence acquise à l'autorité royale sur les règles de la justice distributive, comme aussi d'en signaler les bornes constitutionnelles, il nous a paru nécessaire, pour assurer notre marche, d'écarter d'abord ces théories également fausses qui établissent dans l'État un pouvoir sans limites, émané du droit divin ou de la force matérielle.

Et puisque des imprudens osent remettre en question la stabilité des institutions fondamentales qui forment la garantie d'un trône entouré de nos respects et des peuples qu'il protège, il n'était pas hors de notre sujet d'exposer des idées précises sur l'origine et les droits légitimes du gouvernement des sociétés politiques. C'est ce que nous avons fait dans le premier chapitre servant d'introduction.

Nous établissons ensuite les bases du droit public constitutionnel, sur les traditions libérales des siècles passés.

Si l'aperçu rapide que nous présentons, engageait les détracteurs exclusifs et les admirateurs enthousiastes de l'ancienne monarchie à faire une étude sérieuse de ses lois, les uns y trouveraient de nombreuses et rassurantes garanties contre l'arbitraire *du bon plaisir ;* les autres se réconcilieraient

avec des maximes de liberté d'antique origine , et qui font partie de l'héritage de
leurs pères.

Ainsi disparaîtraient des haines aveugles
ou des préventions injustes qui entretiennent parmi nous de fâcheuses divisions.

Nous avons été devancé , dans les questions qui nous occupent , par tant d'écrivains politiques ou de savans jurisconsultes,
qu'il nous a été difficile de ne pas répéter
ce qu'on a déjà dit. Mais nous sommes persuadé que les redites ne sont pas toujours
oiseuses , et qu'il est des vérités pour lesquelles , comme l'assure Montaigne , *il faut
aller souvent à la charge et à la décharge ;
si vous voulez ,* ajoute-t-il , *que certains
esprits vous comprennent , vous devez les
frapper et les cogner souventes fois.*

Le dessein et le but de notre écrit , lui
mériteront peut-être l'indulgence des lecteurs.

·•×•·

DE L'AUTORITÉ

DES

ORDONNANCES ROYALES

SUR

LES TRIBUNAUX.

~~~~~~

CHAPITRE PREMIER.

INTRODUCTION.

Selon les vues de la Providence, les destinées de l'homme ne peuvent s'accomplir
que dans la société de ses semblables. Il a
été créé pour ce but, et toutes ses facultés
s'y rapportent.

Dieu ayant imprimé, dans le cœur de
l'homme, un vif désir de sa propre conservation, ce sentiment a été le principe d'une
réunion, il l'a dominée ; et les hommes
réunis ont compris, à l'aide des lumières de
la raison, que le plus sûr moyen d'assurer
leur conservation était d'instituer parmi eux

un pouvoir suprême, chargé de veiller au salut commun et d'y pourvoir de la manière la plus conforme aux intérêts généraux. Dès-lors, le gouvernement civil a pris naissance. Il est d'institution divine, puisque c'est de la volonté de Dieu que les hommes ont reçu le droit et conçu le besoin de l'établir, et c'est encore par son ordre qu'ils sont tenus de le respecter et de s'y soumettre.

L'autorité souveraine conserve l'ordre et assure la durée des sociétés civiles, sans lesquelles les hommes ne pourraient accomplir les desseins du Créateur.

Mais Dieu a-t-il fait connaître sa volonté relativement à l'organisation de cette autorité souveraine? a-t-il révélé qu'elle devait appartenir à un seul ou à plusieurs? a-t-il réglé le mode de son exercice et de son action? Évidemment, il n'en est rien. Il est certain, au contraire, que les formes du gouvernement et sa constitution ont été laissées à la libre disposition des peuples, qui, selon les tems et les lieux, ont dû choisir le mode le plus conforme au but de cette importante institution.

Les plus graves docteurs sont unanimes pour justifier cette opinion.

Puffendorf, après avoir expliqué celle de Grotius dans le même sens, rapporte les paroles suivantes de son commentateur qui ne peuvent, dit-il, souffrir de difficulté : « Dieu a établi, par la loi naturelle, l'ordre « de commander et d'obéir, dans lequel il « doit y avoir, en vertu de la volonté même « de Dieu et des lumières de la raison, un « pouvoir souverain et indépendant qui ne « relève que de Dieu....... Mais il dépend « uniquement des hommes de conférer ce « pouvoir souverain à une seule personne « ou à plusieurs, *et de régler, les uns d'une* « *façon, les autres de l'autre, la forme du* « *gouvernement* ».

Pour confirmer ces principes, Puffendorf s'attache à réfuter les publicistes qui prétendent que l'intervention de la Divinité est nécessaire dans l'organisation du pouvoir civil (1).

---

(1) Droit naturel et des gens, liv. 7 , chap. 3. *Vid.* Burlamaqui . Élémens de Droit naturel.

L'Histoire Sacrée nous offre le solennel exemple d'un peuple qui change de son propre mouvement la forme de l'État.

Les Juifs turbulens et inquiets, mécontens de leurs juges et du conseil des soixantedix vieillards chargés de faire observer les lois de Moïse (1), demandèrent un roi, pour les juger, combattre et marcher à leur tête (2). Cette opiniâtre nation ayant persisté dans ce vœu, malgré les représentations de Samuel, et contre la volonté de Dieu même (3), reconnut et proclama Saül pour son roi, dans les champs de Maspha et de Galgala (4).

Ce prince fut investi d'un pouvoir absolu, mais non arbitraire, puisqu'il devait gouverner Israël suivant les lois de Moïse, auxquelles ni lui ni ses successeurs n'eurent le droit de rien changer : « *Y ajouter ou en* « *retrancher un seul article, était un at-*

---

(1) Exode, chap. XI.
(2) Les Rois, liv. 1, ch. 8.
(3) *Ibid.* chap. 8, v. 11 et 19.
(4) *Ibid.* ch. 11, v. 14 et 15.

« *tentat que le peuple eût regardé avec*
« *horreur* (1) ».

· L'état social du peuple juif subit donc
ainsi une grande modification, et ces diverses formes de gouvernement parurent satisfaire aux desseins que Dieu avait sur la
nation de son choix.

Mais les paroles des apôtres de l'Évangile
viennent encore confirmer les traditions de
l'ancienne loi.

Saint Pierre écrivant aux Fidèles répan-
dus chez des peuples constitués en république ou en monarchie, leur dit :

« Vous êtes étrangers et voyageurs dans
« ce monde.......... soyez soumis, pour
« l'amour de Dieu, à tout homme qui a
« du pouvoir sur vous (2) ».

Ce texte démontre que le prince de l'É-
glise n'a vu dans le pouvoir civil qu'un établissement humain.

---

(1) Bossuet, discours sur l'histoire universelle, 2.ᵉ part.,
chap. 3, p. 201, édit. in-12 de 1765.
(2) Épit. 1.ʳᵉ, chap. 2, v. 11 et 13.

Et lorsque Saint Paul enseigne : « Qu'il
« n'y a point de puissance qui ne vienne de
« Dieu (1) », il n'est pas permis de limiter
ou de restreindre l'étendue de ce précepte,
il est général , il concerne toutes les *puissances supérieures* des sociétés civiles ; et
quelles que soient les formes de leur organisation , la conscience fait un devoir de s'y
soumettre et de leur obéir (2).

Comment serait-il raisonnable de soutenir
que le divin Législateur des Chrétiens a réglé les rapports politiques des nations, alors
qu'il déclare que son royaume n'est pas de
ce monde , et que ses disciples n'ont à ré-
clamer qu'un simple droit de passage sur
cette terre , afin d'y achever en paix le pé-
lerinage de la vie ?

La souveraineté n'est point soumise à un
type unique , à un mode absolu , consacrés
de toute éternité par l'ordre de Dieu ; mais,
établie dans l'intérêt des sociétés et pour ga-

---

(1) Ad Rom. , chap. 13.
(2) *Ibid.* v. 5.

rantir leur conservation , elle peut recevoir
des modifications diverses , suivant les tems
et les lieux ; tantôt elle se trouvera réunie
dans les mains d'un seul homme ou de plusieurs , tantôt elle appartiendra à l'univer-
salité des citoyens.

C'est un point de fait garanti par le té-
moignage de l'histoire.

Or , l'Évangile a-t-il réprouvé des peuples à cause de la forme de leur gouvernement ? Existe-t-il des lois politiques , hors
desquelles il ne puisse y avoir de salut pour
les nations ?

Ainsi , tout pouvoir organisé de manière à
maintenir l'ordre dans la société , est essentiellement conforme aux vues de la Providence ; par cela même , il est investi d'une
autorité divine : il est pouvoir divin , en ce
sens que , tenter de le renverser ou de le
détruire , est une violation de la loi de Dieu
qui a établi le pouvoir de commander , et
imposé l'obligation d'obéir , dans l'intérêt de
la société. Mais , hors de cette nécessité sociale , nous ne pouvons comprendre la doctrine du droit divin , qui n'est plus que

l'oubli et la violation de tous les droits du peuple.

. Si ces notions puisées dans les préceptes du christianisme et les leçons de l'histoire , sont justes , elles suffisent , sans doute , pour réfuter les écrivains qui , entraînés par leur admiration pour le pouvoir absolu d'un seul, ont frappé d'anathème les constitutions qui en tempèrent l'action , et laissent au peuple l'exercice de quelques droits. Leurs théories présentées avec tout l'éclat du talent, ne sauraient prévaloir contre les vérités qu'ils s'obstinent à repousser.

La souveraineté des gouvernemens et la liberté des peuples n'ont qu'une seule et même origine. L'une et l'autre subsistent en vertu d'un pacte éternel , dont les articles sont écrits des mains de la nature même , et les constitutions humaines n'en sont , pour ainsi parler , que des copies.

Ces constitutions ne créent point de rapports nouveaux et arbitraires entre les élémens sociaux ; elles se bornent à exprimer des rapports inhérens à toute association quelconque. C'est ainsi qu'elles ciment l'alliance du pouvoir et des libertés publiques, sur laquelle doit se fonder l'ordre politique des peuples civilisés.

Le tems et l'expérience ont fixé les idées sur la nature du pouvoir suprême et des libertés du peuple ; on en est venu à comprendre qu'ils se servaient mutuellement de garantie et d'appui. Et lorsque le génie de Montesquieu développa cet heureux système de gouvernement où le pouvoir et les libertés se balancent dans un équilibre si parfait, la vérité de ce tableau frappa tous les esprits, et l'on s'écria que le genre humain avait retrouvé ses titres.

En effet, les lois qui règlent l'organisation des gouvernemens représentatifs ou constitutionnels, sont l'expression de principes éternellement justes, déposés en germe dans toutes les sociétés politiques, dès leur origine : le mouvement nécessaire des hommes et des choses, le progrès des lumières, suite de la communication des idées, la complication des intérêts positifs, en ont amené le développement et l'application.

Les principales situations sociales mises

en action, ont formé les trois grands pou-·
voirs politiques de la société (1) : la *Royauté*,
qui représente la volonté publique nationale ; l'*Aristocratie*, qui agit pour la conservation des intérêts propres à une classe
déterminée ; et la *Démocratie*, défendant les
intérêts généraux de la masse de la nation.

Ces trois pouvoirs ne sont point divisés·,
mais séparés et distincts, pour concourir,
chacun suivant le mode d'action qui lui est
particulier, et par voie de conciliation, au
maintien de l'ordre et à la stabilité de
l'État.

---

(1) Ce serait une erreur de croire que les pouvoirs de la société
se bornent à cette combinaison ternaire ; car toutes les situations
quelconques de l'ordre social, libres d'agir pour la défense de
leurs intérêts, deviennent aussitôt des pouvoirs. Ainsi, nous
aurions le pouvoir provincial, si les provinces ou départemens
pouvaient défendre et régler librement les intérêts provinciaux ;
le pouvoir municipal, si les communes étaient organisées de manière à conserver leur ancienne faculté de défendre les intérêts
communaux. Ces pouvoirs s'appèlent encore des *libertés*, et avec
raison ; puisque la *liberté* n'est autre chose que la puissance de
se servir de ses facultés sans obstacle. La *royauté* est donc une
de nos plus précieuses libertés, de même que l'*aristocratie* et la
démocratie.

Les constitutions n'ont créé ni ces pouvoirs, ni les situations sociales d'où ils déri-
vent, car la parole écrite ne crée rien : elles
les ont reconnus et proclamés.

Que font de plus ces chartes qui semblent
être le besoin des générations nouvelles,
parce qu'on y trouve des garanties contre
tous les abus ? Elles assignent avec précision la part que chacune des trois positions
sociales que nous venons d'indiquer, doit
prendre dans l'exercice des hautes fonctions
de l'État.

C'est ce qu'on a nommé, improprement
sans doute, *la division des pouvoirs* (1).
Mais la séparation des pouvoirs dans l'exercice des hautes fonctions de l'État a existé

---

(1) Les idées de *pouvoir législatif*, *pouvoir exécutif*, appartiennent à l'ordre métaphysique et ne présentent que des fictions. Néanmoins, elles ont été adoptées par des publicistes
célèbres et de profonds jurisconsultes. On verra, dans la suite
de cet écrit, que nous en avons fait usage, avec les auteurs
les plus recommandables, parce qu'elles servent à déterminer
les droits des corps politiques de l'État, et à expliquer les
conséquences des principes posés dans notre Charte constitutionnelle, relativement à l'administration de la justice. Or, tel
est notre unique but.

plus ou moins expressément chez tous les peuples, elle est dans la nature des choses.

Une réunion d'hommes forme politiquement un seul être qui a besoin de penser et d'agir.

De même que chaque être raisonnable est doué, pour se conserver et pour vivre, d'une unité de pensée ou de volonté servie par une force unique d'action ou d'exécution ; de même l'être politique n'aura qu'une unité de pensée ou de volonté servie aussi par une force unique d'action ou d'exécution.

La législation est la pensée ou la volonté du corps politique; pour qu'elle soit véritablement *une*, ne faut-il pas que tous les membres du corps social concourent à l'exprimer selon la mesure de leur intérêt au maintien et à la conservation de la société?

D'un autre côté, la force d'exécution du corps politique présentera cette unité si nécessaire, lorsqu'elle sera exercée par une seule personne, entièrement indépendante, représentant héréditairement la volonté publique, et par cela même irresponsable et sacrée.

Ici s'arrêtent les termes de comparaison de l'individu au corps politique; et ce que les publicistes ont nommé *pouvoir législatif* et *puissance exécutive* sont les seules fonctions politiques de la société.

L'autorité judiciaire est toute civile; elle s'applique aux rapports des citoyens entr'eux, et maintient la justice, seul lien qui puisse constamment unir les hommes; elle se compose d'un jugement qui est l'application de la loi, et de l'exécution du jugement qui demande l'appui de la force publique; d'où il suit que l'autorité judiciaire ne doit être exercée ni par les législateurs, ni par le prince, mais confiée à un ordre de magistrats indépendans.

Ainsi, cette séparation des fonctions de la société, n'est point le résultat d'une vaine théorie : à peine pourrait-on citer contre son existence constante quelque turbulente démocratie, renfermée dans l'enceinte d'une seule ville, où le peuple se montrait, à-la-fois, législateur, chef suprême, accusateur et juge : état violent et de peu de durée, plus redoutable encore pour les individus,

que le despotisme asiatique, qui, s'il est
réel, offre moins une véritable nation qu'un
maître entouré de ses esclaves !

Au surplus, dans l'ancienne France, même
sous le règne du pouvoir absolu, nos rois
n'ont jamais été pleinement législateurs.

Ce qu'ils avaient enlevé aux corps politiques, en matière de législation, les cours
de justice dont l'organisation était si libre,
si indépendante, réussirent à le leur re-
prendre et à se l'attribuer, à l'aide d'une
sorte de *veto suspensif* déguisé sous la forme
d'un refus de vérification ou d'enregistrement.

Les constitutions modernes fixent donc
définitivement l'état social sur ses véritables
bases. Et puisque cet ordre de choses a pris
naissance chez les peuples guerriers de la
Germanie, il appartenait aux Français,
comme une tradition de famille.

La grande Charte qui l'a rétabli parmi
nous, et l'a coordonné avec nos mœurs ac-
tuelles, n'a donc pas, comme certains esprits
affectent de le craindre, compromis les con-
ditions essentielles de l'autorité souveraine,

tout en soumettant son action à de puissans contre-poids.

Mais le Prince à qui la France est redevable de la restauration de son antique monarchie, a eu principalement en vue, dans l'octroi de la loi fondamentale, d'assurer à jamais l'ordre, sans lequel les sociétés politiques ne peuvent subsister ; et pour l'asseoir sur des bases immuables, le sage législateur a dû définir exactement et limiter les attributions de tous les pouvoirs élémentaires de l'état social.

Ainsi l'autorité royale même, quelque élevée qu'on doive la considérer, se montrera d'autant plus grande et respectable, que son action s'exercera selon ses lois constitutives; elle se gardera de les dépasser jamais, car « le sublime de l'administra- « tion, dit Montesquieu, est de bien con- « naître quelle est la partie du pouvoir, « grande ou petite, que l'on doit employer « dans les diverses circonstances ».

Maintenant, et après les considérations qui précèdent, supposer qu'il y a incertitude sur les rapports de l'autorité du prince,

avec les corps auxquels est délégué le pouvoir judiciaire, et que les formes d'après
lesquelles la volonté royale doit se manifes-
ter pour influer sur la justice distributive,
sont vagues, douteuses, arbitraires, ce serait signaler une dangereuse lacune dans la
charte qui a fondé l'ordre politique qui
nous régit.

Heureusement, elle n'existe point.

On comprendrait mal nos institutions ac-
tuelles, si l'on croyait qu'elles ont créé des
rapports inconnus jusqu'à-présent, ou établi
des formes inusitées ; loin d'être isolées dans
les tems, elles rattachent, au contraire, le
présent aux anciennes mœurs de la monarchie ; et l'on peut dire avec vérité que la
charte royale est plutôt déclarative d'un droit
ancien, qu'introductive d'un droit nouveau.

Néanmoins, le cours des âges ayant in-
troduit partout de grandes modifications,
souvent il arrive que les mêmes mots ne
rappellent plus les mêmes choses ; il faut
donc avoir sur les uns et les autres des idées
précises, et préserver son esprit de toute
fausse application des souvenirs du passé,

pour parvenir à résoudre une question qui se rattache aux règles du droit public.

Telle est celle qui a pour but de connaître l'autorité des ordonnances royales sur les tribunaux ; en d'autres termes, si les ordonnances du roi sont obligatoires pour les tribunaux civils, d'une manière absolue, comme le sont les lois elles-mêmes.

En parlant ici des tribunaux civils, nous n'entendons que les corps de justice d'où ressortissent les contestations élevées entre les particuliers et qui appartiennent au contentieux purement judiciaire.

Nous ne traiterons point, malgré l'intérêt pressant du sujet, de l'ordre judiciaire administratif, auquel est attribuée la connaissance des contestations qui intéressent les droits de l'administration générale dans ses rapports avec les intérêts privés.

Conséquemment, nous n'avons à nous occuper que des ordonnances royales relatives aux matières du droit civil ou criminel, dont l'application est confiée à la magistrature ordinaire et inamovible.

Cette question nous paraît grave ; pour la

traiter selon son importance, nous croyons devoir interroger les usages et les traditions de la France avant la révolution.

Nous signalerons les abus du régime impérial, en matière de législation.

Enfin, nous tâcherons d'indiquer, avec précision, l'état des choses sous les lois de la monarchie constitutionnelle.

Heureux si, pour parcourir avec succès la carrière qui s'ouvre devant nous, il suffisait d'un zèle sincère et d'intentions droites et pures !

~~~~~~

CHAPITRE II.

USAGES ET TRADITIONS DE L'ANCIENNE MONARCHIE.

L'ÉTAT social de la vieille France ne présente point à l'observateur un ensemble d'institutions constantes et uniformes ; il a éprouvé des changemens notables et fréquens que nous imputerons surtout au tems, le plus actif des novateurs.

Pour atteindre plus sûrement notre but, nous croyons utile de retracer, d'abord, les diverses opinions qui se sont rattachées à l'idée du pouvoir royal, et nous soumettrons à ce sujet à nos lecteurs des considérations générales; nous exposerons, ensuite, l'influence que le pouvoir suprême a dû exercer sur la législation civile, aux diverses époques de notre histoire.

§ I.er

Des différentes opinions attachées à l'idée de la Royauté, dans l'ancienne Monarchie Française.

L'autorité royale a toujours été, en France, le point central du système politique ; mais elle a été considérée sous différens aspects, qu'il importe de bien connaître.

Les Francs, fidèles aux usages de leurs ancêtres, vécurent dans les Gaules avec Clovis, comme avec un roi de la Germanie. Or, chez les Germains, les rois, entourés de leurs pairs, ne jouissaient que d'une autorité très-limitée : *Nec regibus infinita aut libera potestas*, dit Tacite ; les princes, placés à la tête de la nation à cause de la distinction de leur naissance, n'étaient pas toujours investis du commandement, et ils régnaient plutôt par l'empire de la persuasion que par l'autorité de leurs ordres : *Reges ex nobilitate, duces ex virtute sumunt..... Rex vel princeps audiuntur*

*auctoritate suadendi, magis quàm jubendi
potestate* (1).

C'est le souvenir de ces idées primitives
qui faisait dire à Louis X, dans sa charte
d'affranchissement de 1315, en faveur des
habitans des campagnes, que, « selon le
« droit de nature, chacun doit être franc,
« et que son royaume étant appelé le
« royaume des Francs, il voulait que la
« chose fût accordante au nom ».

Le clergé de France, distingué par la
pratique des plus hautes vertus, par d'émi-
nens services, et seul dépositaire, dans ces
tems de barbarie, des lumières et du savoir,
exerça une grande influence chez ces peuples nouvellement convertis à la foi de
Jésus-Christ ; il propagea un système de
monarchie tiré du droit public d'Israël,
d'après lequel, sans avoir égard à la diffé-
rence des institutions ou des mœurs, le
roi, en vertu du droit divin, fut revêtu du
pouvoir absolu dont avaient joui les rois
de Juda.

---

(1) De morib. Germ. §§ VII et XI.

Ce n'était qu'une pieuse erreur. Selon
cette doctrine, les Rois exerçaient une autorité absolue et non arbitraire. On le con-
çoit à l'égard de Saül et de ses successeurs,
qui gouvernaient et ne dictaient point de
lois nouvelles. Mais lorsque le droit de faire
des lois et le gouvernement se trouvent
placés dans les mêmes mains, que ces deux
fonctions sont également indépendantes de
tout contrôle et affranchies de toutes limites, il nous semble que la distinction du
pouvoir absolu et du pouvoir arbitraire n'a
plus aucune réalité.

La politique de l'Écriture Sainte ne pouvait donc s'appliquer au gouvernement d'un
peuple dont Dieu lui-même n'avait pas em-
preint les lois d'un caractère invariable ;
aussi, n'est-ce pas sans raison qu'on a cru
démêler, dans cette opinion du clergé, quelque motif d'intérêt purement humain.

Dès que le pouvoir royal était considéré
comme un établissement divin, les évêques
en devenaient les suprêmes arbitres et les
régulateurs, car ils sont les seuls intermédiaires de l'homme à la divinité.

De là découlait, comme conséquence, l'autorité de l'église sur le temporel des princes. Ainsi, les évêques, au 9.ᵉ siècle, déposent Louis-le-Débonnaire, les papes délient les peuples du serment de fidélité, disposent des couronnes, et font le partage des empires ; une bulle d'excommunication du 18 Février 1510, ravit, sans retour, le royaume de Navarre à la maison d'Albret et à la France ; enfin, les maximes de la cour de Rome, servent de voile et de prétexte à l'ambition des chefs de la ligue qui disputaient le trône au Grand Henri (1).

Certes, l'église compte en assez grand

---

(1) S'il pouvait y avoir des doutes à ce sujet, qu'on recherche le plus séditieux libelle dirigé, à cette époque, contre Henri III et Henri IV, écrit en latin sous ce titre : *De justâ abdicatione Henrici Tertii*, etc. *Parisiis, apud Nicolaum Nivellium, viâ Jacobeâ*, 1586, approuvé par le duc de Mayenne et le Conseil-général de l'Union des Catholiques, établi à Paris. L'ouvrage est dédié à tous les catholiques romains de l'univers, par Boucher, son auteur, curé de St.-Séverin. — Voici les titres de quelques chapitres : *Jus ecclesiæ reges abdicandi ; Juris ecclesiæ in reges*, etc.

On trouve une analyse détaillée de cet écrit, dans la *Galerie Philosophique du 16.ᵉ siècle*, tom. 2, pag. 273 et suivantes.

nombre des pontifes aussi sages que pieux, qui ont repoussé les exemples des Grégoire VII, des Alexandre VI, des Jules II; mais on doit être frappé du danger de baser le pouvoir souverain sur des principes placés en dehors de l'organisation sociale.

D'un autre côté, les habitans primitifs des Gaules, façonnés à la domination des empereurs romains, s'accoutumèrent à voir d'abord, dans leurs nouveaux vainqueurs, les représentans de la toute-puissance de leurs anciens maîtres, d'autant plus aisément que rien ne fut changé dans leur législation civile; et le point de vue sous lequel ils étaient disposés à considérer l'autorité royale servit d'appui au développement des principes qu'accréditèrent, dans la suite, les gens de loi.

Les docteurs puisaient, dans l'étude du droit romain, des notions qui avaient quelque affinité avec l'opinion du clergé et lui servirent à-peu-près d'auxiliaires. Vers le 14.e siècle, les jurisconsultes remplacèrent les hauts-barons dans les parlemens, et jouirent d'une sorte de pouvoir politique; ils proclamèrent alors cette maxime inconnue à nos ancêtres : *Qui veut la loi, si veut le Roi,* laquelle n'est que la traduction littérale de la loi *Regia : Quod principi placuit, legis habet vigorem* (1).

Selon l'opinion des jurisconsultes, les rois de France furent donc rois absolus et législateurs suprêmes, au même titre que César, Constantin et Théodose; et ce titre, comme on peut s'en convaincre, n'était qu'une délégation du peuple créée en vertu de sa souveraineté.

Tribonien nous atteste, en effet, que la loi *Regia*, base de la puissance impériale, était réellement un plébiscite, par lequel le peuple se dépouilla de son pouvoir souverain, pour le déposer dans les mains d'Auguste (2).

---

(1) ff. liv. 1.ᵉʳ, tit. IV, § 1.ᵉʳ, *De principe sic loquitur Theophilus : — Non solùm nostrorum bonorum, sed et nostrorum corporum dominus est.* Gothofredus, ad notas inst., lib. 1., tom. 2, § 6, n. 20.

(2) Instit., liv. 1.ᵉʳ, tit. 2, § 6 : *Sed, et quod principi placuit, legis habet vigorem : quùm lege regiæ, quæ de ejus imperio lata est, populus ei, et in eum omne imperium su, m et potestatem concedat.*

D

Il résulte de ces faits positifs, que toutes les variations que présente le droit public Français, sous l'ancienne monarchie, peuvent se rattacher au triomphe de l'un des trois principaux systèmes que nous venons de rappeler, ou au mêlange et à la confusion de ces diverses doctrines.

Sous la première race, les mœurs Franques dominent.

L'autorité royale est tellement restreinte, que le prince ne peut faire la paix ou la guerre, sans consulter les seigneurs et le peuple, et qu'il n'a pas même le droit de disposer du butin (1).

Des ambitions rivales que ces mœurs entretiennent, occasionnent de fréquentes commotions.

L'influence des maximes du clergé est assez connue.

C'est par elle que des coutumes barbares et grossières sont adoucies; elle apaise cette fureur des guerres particulières, et tente,

----

(1) Grégoire de Tours, liv. 1.er, ch. 5.

mais en vain, de déraciner ce funeste point d'honneur qui fait couler un sang précieux à la patrie ; elle propage l'instruction : ce sont là de signalés services qui compensent, sans doute, les troubles que soulevèrent trop souvent les prétentions ultramontaines sur le pouvoir temporel.

On voit s'appuyer, sur ces maximes, les fondemens de la puissance des plus grands rois de la troisième race.

Enfin, les croyances religieuses s'étant affaiblies devant les fausses et trompeuses clartés que la philosophie moderne mêla trop souvent à des lumières utiles, le pouvoir absolu, forcé d'abandonner le poste du droit divin, se réfugia, comme doctrine, dans l'opinion des jurisconsultes ; mais il n'y fut pas en sûreté, c'était un fonds peu solide.

En effet, les disciples de Tribonien et d'Ulpien avaient attribué des droits illimités à l'autorité royale, en vertu d'une délégation populaire ; et lorsque le pouvoir absolu, faisant un appel à la nation, sembla proclamer son impuissance, les gens de loi remontant, selon leur doctrine, à la source du pouvoir souverain, firent prévaloir l'application rigoureuse de leurs dangereuses théories, dans cette assemblée célèbre de 1789, qu'ils dominèrent plus encore par leur nombre que par leurs talens, et la constitution de l'État fut complètement renversée.

Ainsi, la doctrine d'une autorité illimitée et absolue, semblait placée au sein des abîmes.

Après ces explications générales, il nous sera facile de comprendre quels sont les principes qui ont concouru à limiter ou à étendre, dans l'ancienne monarchie, l'influence du pouvoir royal sur l'ordre des lois civiles et la distribution de la justice qui en découle.

Ce sera l'objet du paragraphe suivant.

—•✳•—

§ II.

De l'Autorité de la Couronne, dans l'ancienne Monarchie, en matière de législation et de justice.

La nature de nos recherches nous impose l'obligation de parcourir les diverses époques de notre histoire. Nous le ferons avec brièveté, en nous efforçant, toutefois, de ne rien omettre d'essentiel.

Les peuples qui envahirent les Gaules, Visigoths, Bourguignons et Francs, formaient des tribus guerrières presque nomades, et leurs lois s'occupaient moins de statuer sur les intérêts civils, peu compliqués parmi eux, que de régler les effets des meurtres, violences, larcins, etc., que des mœurs grossières rendaient très-fréquens. Les lois *Gombette*, *Ripuaire* et *Salique* ne sont donc, dans leurs principales parties, qu'une sorte de code pénal. Mais, malgré l'obscurité dont l'origine de ces antiques règlemens est enveloppée, on peut reconnaître qu'ils furent dressés et rédigés dans l'assemblée des États des Provinces, et qu'ils eurent pour auteurs les seigneurs et les premiers de la nation. C'est ce que fait entendre suffisamment le titre de la loi Salique, qui n'est point intitulée simplement : *Lex,* mais : *Pactum legis Salicæ;* l'allemand Eccard, qui en a publié une édition, prétend même que l'élection de Pharamond et l'établissement des institutions Saliques eurent lieu en même tems (1).

Childebert, fils de Clovis, dans un décret sur la justice et la police du royaume, dit que ces choses ont été réglées avec ses leudes : *Unà cum nostris optimatibus pertractavimus.* Nous pouvons citer encore un édit de l'an 615, où Clotaire II déclare, que cette loi a été délibérée et arrêtée par lui, par les évêques, par les grands, les

---

(1) Cette opinion est fondée sur quelques passages de l'ouvrage intitulé : *Les gestes des Rois des Francs, chap.* 2. — L'auteur anonyme de cette ancienne chronique, traduite dans le tom. 4 de la collection de Sauvigny, est soupçonné, par les savans, d'avoir mêlé beaucoup de traditions fabuleuses à des faits certains : l'assertion d'Eccard a d'autres garans moins équivoques.

principaux seigneurs de la nation, et les fidèles ou vassaux de la couronne (1).

De là nous concluons que, sous le règne des Mérovingiens, la puissance législative ne résidait pas dans la personne du chef de la nation ou du roi, mais s'exerçait dans l'assemblée du roi, de ses comtes, et des principaux du peuple : *priores gentiles*, dit le compilateur *Goldast*.

Mais si les lois que nous venons de citer régissaient les peuples vainqueurs des Gaules, elles ne furent point imposées aux vaincus. Ceux-ci conservèrent long-tems leurs mœurs, leurs coutumes; par rapport à eux, l'autorité des premiers rois Francs fut à-peu-près celle d'un patrice ou d'un consul romain, et Clovis reçut de l'empereur Anastase ces deux titres, auxquels il se montra très-attaché (2).

_____

(1) *Vid.*, Répert. de Jurisp., verb., loi, § 1.ᵉʳ.

(2) M. de Montlosier, Monarchie Française, tom. 1.ᵉʳ, p. 14. Grégoire de Tours nous a conservé la harangue des ambassadeurs d'Anastase à Clovis; en voici quelques traits : *Te Augustus consulem, patriciumque salutat. Quâ tituli, majestate*

On ne peut guère admettre que la conquête ait changé la législation des Gaulois, si l'on s'en rapporte à la déclaration de Cérisy, adressée aux Francs et aux Aquitains, où l'on trouve que le roi conserve à chacun son droit et sa loi (1).

Ainsi nous pouvons tenir pour constant, d'après le *Code des Lois antiques* (*codex*

---

secundùm cæsarem nullum majus excelsiùsque fastigium......
Recipe ergo hæc consulatûs insignia et patriciatus nomen. Ab
eâ die tanquàm consul et Augustus est vocitatus. (Gregorius
tur. l. 21. c 38).

(1) M. de Montlosier, tom 1.*er*, pag. 397; Furgole, traité
du Franc - alleu pag. 126. Voyez encore la constitution de
Charles-le-Chauve de 864 : *In illis autem regionibus in quibus*
secundùm legem romanam judicantur judicia, juxtà ipsam
legem committentes talia, judicentur; quia super illam legem,
vel contrà ipsam legem, nec antecessores nostri quodcumque
capitulum statuerunt, nec nos constituimus. (Capitulaires de
Baluse, tom. 2, p. 183).

On lit encore une disposition semblable dans la loi des ripuaires, art. 3 du titre 31 : *Hoc autem constituimus, ut infrà*
pagum ripuarium tàm Franci Burgundiones, Alamanni, seu
de quâcumque natione commoratus fuerit, in judicio interpel-
latus, sicut lex loci continet ubi natus fuerit, sic respondeat.
(Constitutions des rois des Français, et essais sur les mœurs des
Français, de M. de Sauvigny, tom. 6, p. 156.)

legum antiquarum de Lindenbrock, et d'autres monumens irrécusables, que, dès l'origine de la monarchie Française, les peuples Francs et Gaulois avaient un corps de droit formant la règle de leurs intérêts civils, et que ces intérêts n'étaient pas soumis aux décisions arbitraires de leurs princes.

Ce même ordre de choses se montre plus clairement établi sous l'empire des premiers Carlovingiens. Les lois prirent à cette époque le nom de *capitulaires*, qui leur fut donné à cause de leur division en chapitres.

La collection des capitulaires porte en titre : *Capitula regum et episcoporum maximèque nobilium francorum omnium;* ce qui explique qu'ils avaient été dressés dans les assemblées de la nation. A cet égard, la déclaration de Charles-le-Chauve ne laisse aucun doute, elle est consignée dans son édit, donné à Pistas en 864 : *Lex fit consensu populi et constitutione regis.* C'est une reconnaissance formelle du droit qu'avait le peuple de con-

E.

courir à la formation de ses lois. De ce concours suit la conséquence nécessaire que
les ordres du roi manifestés isolément ne
pouvaient être des *lois* et obliger, à ce titre, les citoyens.

Les hauts barons composant alors les
parlemens gardiens de la justice, n'ont donc
pu la rendre qu'en vertu des lois consenties
par le peuple et sanctionnées pra le roi :
Consensu populi et constitutione regis.

Nous touchons à ces siècles où l'autorité
royale s'éclipsa, pour ainsi dire, devant la
puissance des feudataires de la couronne.

Ce grand évènement, apprécié par les
historiens de tant de manières diverses,
nous présente deux résultats qui rentrent
dans notre sujet.

En premier lieu, les provinces de France,
sous l'autorité de leurs gouverneurs qui s'en
étaient rendus les chefs héréditaires, ne
formèrent plus que des États alliés de celui qui avait encore à sa tête le roi. Le
vasselage ayant donc usurpé la souveraineté, et la majesté royale étant réduite à un
vain titre, on laisse à penser si elle dut

exercer quelque influence sur la justice des peuples qui n'avaient plus à son égard que des relations d'alliance, d'où cet ordre de choses a paru prendre le nom de féodalité(1).

En second lieu, il arriva que dans la lutte, sans cesse renaissante, élevée entre les rois qui voulaient conserver et maintenir leur puissance, et les grands vassaux qui l'envahissaient, ceux-ci furent enfin vaincus; et la royauté demeurée victorieuse se releva avec un pouvoir plus plein, plus entier que jamais.

Ce triomphe, commencé par Hugues Capet, s'accomplit sous ses successeurs, et il apporta un si grand changement à la

---

(1) Quelques auteurs ont pensé que *féodalité* dérivait du latin *fœdus*, *alliance*, et que *droit féodal* était synonime de *droit fédéral*.

Cette opinion, fondée sur le pacte existant entre le vassal et son suzerain, ne peut être admise ; d'après l'étymologie la plus suivie, les mots *fief*, *féodal*, *féodalité*, se sont formés de l'ancien saxon *feod*, qui signifie *jouissance* ou *possession de la solde;* parce qu'en effet, les fiefs, dans l'origine, ont été donnés à la charge du service militaire, et pour tenir lieu de solde.

constitution politique de la monarchie,
que les ordonnances, rendues par la seule
autorité du prince et qui n'avaient été en
vigueur que dans les pays de son domaine
privé, furent bientôt étendues à tout le
royaume, et y acquirent force de lois générales.

Tels furent surtout les établissemens de
St.-Louis.

Plusieurs causes concoururent au succès
de cette innovation; parmi celles que les
publicistes ont fait connaître, nous signalerons le désir qu'avaient les peuples de se
soustraire aux vexations et à la tyrannie des
seigneurs particuliers; l'établissement des
cas royaux, sortes d'affaires dont pouvaient
seuls connaître les juges du roi; les parlemens du roi, devenus juges d'appel de toutes les justices seigneuriales; et, enfin, la
réunion des grands fiefs au domaine de la
couronne.

Le renversement du système féodal fut
donc le germe d'une puissance jusqu'alors
inconnue dans l'État.

Néanmoins, en matière de législation,

cette puissance royale ne fut pas aussi absolue qu'on pourrait le croire. Les états-
généraux de la nation, qui avaient remplacé
les anciennes assemblées de Mai, réclamè-
rent les mêmes droits de concourir à la
formation des lois ; et en leur absence, ils
voulaient attribuer ce droit aux parlemens,
comme représentans des états-généraux.
Leurs prétentions, à cet égard, se trouvent
consignées dans les instructions des députés aux États de Blois, en 1577, qui di-
sent : « Les États doivent participer à la
« législation ; d'où vient qu'il faut que tous
« les édits soient vérifiés et contrôlés ès-
« cours de parlement, devant qu'ils obli-
« gent d'y obéir ; lesquelles, combien qu'elles
« ne soient qu'une forme des trois États
« raccourcis au petit pied, ont pouvoir de
« suspendre, modifier et refuser lesdits
« édits ».

Les États de 1614 renouvellent ce vœu,
presque dans les mêmes termes : « Les lois
« du royaume ne tiennent pour parfait au-
« cun établissement public qui a trait à

« l'avenir, sinon après avoir été autorisé par
« la vérification des parlemens ».

Ces principes ont été reconnus par plusieurs monarques, et entr'autres Charles IX
faisait dire au Pape, par son ambassadeur :
« Qu'aucun édit, ordonnance ou autre acte
« n'avaient force de loi dans le royaume,
« sans la sanction des parlemens ». Néanmoins, les docteur ne s'accordent point
pour savoir si le langage des États ne présente que de simples prétentions, sans titre,
ou bien s'il exprime des droits réels. En
interrogeant l'histoire, on voit que le triomphe des principes que nous venons de rappeler, a dépendu des circonstances; ils ont
prévalu sous des rois faibles, ils ont été re-
poussés sous des rois forts. Des parlemens
ont proclamé comme maximes fondamentales, que les édits et ordonnances du roi
ne pouvaient être exécutés sans leur sanction; d'autres ne se sont attribué que le
droit d'adresser au prince de respectueuses
remontrances; et cela, suivant que ces corps
étaient plus ou moins dominés par le sen-

timent de leur force ou la crainte de se commettre avec une puissance supérieure.

Au reste, c'est une vérité de tous les tems,
que les droits les plus légitimes ne sont rien,
si la force ne leur sert d'appui.

Cependant, que la puissance législative
s'exerçât par le roi seul, ou collectivement
par le roi et les états-généraux assemblés; ou
par le roi et les parlemens, représentans sta-
bles et inamovibles des états-généraux, en
leur absence; ce sont des questions qu'il nous
importe peu d'approfondir, si nous parvenons
à établir, que *les lois* avaient des formalités
qui les distinguaient des ordres ou rescrits
privés du monarque, et que les corps de
justice n'étaient point tenus de déférer à
ceux-ci.

Or, nous en trouvons la preuve incon-
testable dans les actes émanés de tant de
rois, où ils mandaient à leurs cours de
justice : « Ayez plus d'égard à la loi qu'à
« nos ordres, quand ils seront contraires
« aux lois; n'obtempérez pas à nos lettres
« privées, déclarez-les nulles, iniques et
« subreptices » :

Præcipimus ut litteris nostris in partium læsionem concessis non obediant nec obtemperent : imò nullas et iniquas seu subrepticias pronuntient et annullent ; c'est ainsi que s'exprimait Philippe VI dans son ordonnance de 1348 (1).

Charles V, Charles VI, Charles VII, François I.er, Louis XII, tenaient le même langage; enfin, l'art. 81 de l'ordonnance de 1566, sous Charles IX, dit expressément : « Défendons, suivant les ordonnances, à tous « nos juges d'avoir aucun égard à nos lettres « closes, qui auront été et seront ci-après « expédiées et à eux envoyées pour le fait « de la justice (2) ».

Autre preuve non moins puissante dans cette formule du serment que prêtait le chancelier de France : « Quand on vous « apportera sceller aucune lettre signée par « le commandement du roi, si elle n'est « de justice et de raison, ne la scellerez

---

(1) Recueil de Guenoys, liv. 1.er, tit. 10, p. 150.
(2) *Ibid.* p. 151.

« point, encore que ledit seigneur roi le
« commandât par une ou deux fois (1) ».

Ainsi, nos anciens rois avaient mérité le
titre de *grands-justiciers*, et l'officier de la
couronne préposé spécialement à la garde
de la justice, semblait, aux yeux des peuples, élevé *au solstice des dignités humaines* (2).

C'est dans le sens des recommandations
de ses prédécesseurs, qu'il faut interpréter la
réponse de Henri IV à la harangue du
parlement de Dijon, le lendemain de la
brillante journée de Fontaine-Française :
« Je vous ai commis ma justice, dit-il,
« avisez à la rendre à la décharge de ma
« conscience et pour le bien de mes peu-
« ples ». Car ce grand Prince disait souvent : La première loi du souverain est de
les observer toutes ; et il a lui-même deux
souverains, Dieu et la loi (3).

---

(1) M. de Montlosier, de la Monarchie Française, tom. 1.er,
p. 205.

(2) Duhaillan, en son livre de l'état de la France, Guenoys,
pag. 179.

(3) Mémoires de Sully, tom. 1.er, p. 460.

Et combien il était pénétré du sentiment de ses devoirs, ce vénérable de Harlai, rempart du trône contre les fureurs des factieux, adressant au Roi, pour motiver un refus, ces paroles austères : « Sire, nous sommes « obligés d'écouter la justice, Dieu nous l'a « baillée en main (1) ».

Bientôt, une régence, état douteux, incertain, et fort de ses incertitudes même, introduisit dans les affaires un homme doué d'un grand génie, qui, tyran de son maître, marcha à la conquête du pouvoir absolu par l'astuce et la violence ; un mot connu révèle la politique du cardinal de Richelieu : « Quand une fois j'ai pris ma résolu- « tion, disait-il, je vais à mon but, je ren- « verse tout, je fauche tout, et ensuite je « couvre tout de ma soutane rouge (2) ».

Un tel homme et de tels principes préparèrent un système monarchique nouveau ; plus de pouvoirs intermédiaires, plus d'or-

_____

(1) Histoire du Parlement, chap. 28.
(2) Histoire du ministère du cardinal de Richelieu, par M. Jay, tom. 2, p. 183.

ganes pour faire entendre même les *doléan-
ces de la nation*, et au milieu de ce long
silence, on fut peu surpris de voir le jeune
monarque qui recueillait le fruit des travaux de Richelieu, entrer un jour, sans cé-
rémonie, dans la salle du parlement, et dire :
« L'État c'est moi ».

Ce mot alors était vrai ; il était même de
conviction, ainsi que l'attestent les mémoires que Louis XIV rédigeait pour l'instruction de son fils, où l'on lit ces passages re-
marquables : « Vous devez donc première-
« ment être persuadé que les rois sont
« seigneurs absolus, et ont naturellement
« la disposition pleine et entière de tous les
« biens de leurs sujets »............ Les rois
« sont nés pour posséder tout et comman-
« der à tout........ La volonté de Dieu est
« que quiconque est né sujet, obéisse sans
« discernement, etc. (1) ».

Sans doute, à cette époque, les ordon-

_____

(1) Mémoires de Louis XIV, tom. 1.er, p. 156, tom. 2,
p. 10 et 55, édition de 1806.

nances du prince devinrent des lois générales ; mais on remarquera qu'elles furent
dressées avec le concours des hommes les
plus éclairés du siècle, *registrées* en parlement, et qu'ainsi elles ne manquèrent d'aucune des solennités propres à former les règles de droit qui servent de base à la justice.

Il faut ajouter que ces ordonnances n'é-
taient exécutées que dans le ressort des parlemens qui les avaient enregistrées ; enfin,
Louis XIV, victorieux, grand, le prince le
plus absolu de l'Europe, n'exigea jamais des
organes de la justice qu'ils sacrifiassent les
droits des particuliers à ses désirs ou à ses
affections, et le poids de sa volonté ne fit
point pencher leur balance.

Le pouvoir royal, à la mort de ce
roi, sembla perdre insensiblement la force
et l'éclat dont le caractère personnel du
prince l'avait environné, et ses successeurs
ne suivirent ses traces que de loin ; mais les
idées d'une autorité absolue subsistaient encore. Cependant, sous le règne de ces monarques, le domaine de la législation civile
ne fut pas envahi. Le roi lui - même, plai-

dant contre ses sujets, était soumis à l'application du droit (1), et les cours souveraines rendaient la justice tantôt d'après les anciennes coutumes du lieu, tantôt d'après la jurisprudence de l'empire romain.

« L'usage si abusif des rescrits du prince, « pour décider le point de droit entre par-« ticuliers, n'existait pas en France avant « la révolution (2) ». Ce n'est pas assez dire, leurs ordonnances même, statuant sur des matières générales, ne devenaient obligatoires et ne servaient à former le droit, qu'après avoir été préalablement vues, vérifiées et enregistrées dans les parlemens et les cours du royaume (3).

C'est ainsi que les célèbres ordonnances de Louis XIV, sur les eaux et forêts, la

(1) Maximes du droit public Français, tom. 2, chap. VI, p. 121.

(2) Toullier, Droit civil, titre préliminaire, n.º 143.

(3) Voy. dans le savant ouvrage des *Maximes du droit public Français,* chap. V, tom. 2, pag. 44 et suivantes, édit. in-4.º, les nombreux édits ou ordonnances dont les divers parlemens du royaume empêchèrent l'exécution, en refusant de les enregistrer.

procédure civile, etc. ; celle de Louis XV,
en 1735, sur l'ordre des transmissions de
biens, ont acquis tous les caractères de véritables lois.

Que cet enregistrement n'ait pas toujours
été libre ; que, pour l'obtenir, on ait eu recours quelquefois à la violence; cela prouve
que la volonté du roi avait besoin de cette
formalité, afin d'acquérir dans l'État une
force législative et obligatoire.

Et si le droit des corps de magistrature,
sous l'ancienne monarchie, de participer à
la législation, était encore l'objet de quelques doutes ; si l'on pouvait croire qu'il ne
fût qu'une usurpation sans titre, ainsi que
semblèrent le proclamer les parlemens vers
la fin du dernier siècle, en désavouant des
droits pour lesquels ils avaient si long-tems
combattus (1) ; il faut attribuer cette incertitude à la longue durée du pouvoir absolu,
fondé par l'établissement monarchique de
Louis XIV, qui avait tellement obscurci les
notions positives du droit public, que les

_____

(1) Voyez l'arrêté du parlement de Paris du 16 Juillet 1787.

vrais principes étaient confus, altérés, ou presque entièrement effacés.

Ce fut, sans doute, un notable malheur que cette incertitude de notre droit politique : « On chercha, en s'éveillant, comme à « tâtons, les lois; on ne les trouva plus : « l'on s'effara, l'on cria, l'on se les de- « manda............ le peuple entra dans le « sanctuaire, il leva le voile qui doit tou- « jours couvrir tout ce que l'on peut dire « et tout ce que l'on peut croire du droit « des peuples et de celui des rois, qui ne « s'accordent jamais si bien que dans le « silence...... (1) ».

Ce tableau si animé ne semble-t-il pas tracé pour l'époque mémorable de 1789? C'est là que nous conduisent nos recherches; et certes, il est permis d'être dégoûté du despotisme, si l'on considère ses fruits : le principe anti-social de la souveraineté du peuple fut proclamé, et cette dangereuse théorie reçut bientôt une imprudente ap- plication.

---

(1) Mémoires du cardinal de Retz, tom. 1.er, p. 140.

~~~~~~~~~~~~~~~~~~~~~~~~~~~~~~~~~~~

CHAPITRE III.

ABUS DU RÉGIME IMPÉRIAL.

La justice du peuple souverain fit amè-
rement regretter la justice de nos rois.

Nous repoussons les traditions des dix
années pendant lesquelles ce prétendu souverain manifesta son règne par le hideux
produit des convulsions de l'anarchie, et
nous nous hâtons de franchir cet intervalle
pour arriver à un ordre de choses plus régu-
lier et qui s'offre avec toutes les apparences
légales.

La constitution de l'an 8, en organisant
la magistrature consulaire, la circonscrivit
dans de justes limites. Mais cette autorité
se transforma bientôt en un pouvoir qui,
n'ayant d'autre principe que la force, tra-
vailla à son agrandissement avec activité, et
y parvint avec un merveilleux succès ; et son
action toute-puissante a tellement imprégné

G

la société de ses maximes absolues, que le
tems écoulé depuis sa chute n'a pu arrêter
encore cette force d'impulsion communi-
quée à tout le système administratif, qui a
généralement perverti les sages notions de
l'équilibre des pouvoirs.

Voyons les résultats de ce régime par rapport à l'envahissement du pouvoir législatif.

On avait écrit, dans l'acte constitutionnel
du 22 Frimaire an 8, qu'il ne serait pro-
mulgué de lois nouvelles, que lorsque le
projet en aurait été proposé par le gouvernement, communiqué au tribunat et dé-
crété par le corps législatif (1).

Ces projets, préparés dans le conseil-d'é-
tat, étaient portés au tribunat par un des
membres de ce conseil ; le tribunat le discu-
tait en assemblée générale, faisait connaître
le résultat de la discussion au corps législatif, qui votait au scrutin secret (2).

Le conseil-d'état, sous la présidence des

_____

(1) Art. 25.
(2) Art. 28.

chefs du gouvernement, rédigeait les règlemens d'administration publique.

Enfin, les attributions de l'autorité suprême étaient clairement définies par l'art.
48 de l'acte constitutionnel, ainsi conçu :
« Le gouvernement propose les lois et fait
« les règlemens nécessaires pour assurer
« leur exécution ».

Ces dispositions paraissaient fort sages et
combinées de manière à limiter les droits
de toutes les autorités. Elles consacraient
l'importante distinction entre la matière des
lois proprement dites et des simples règlemens. C'est aux lois à poser, dans chaque
matière, les règles fondamentales et à déterminer les formes essentielles. Les détails
d'exécution, les précautions provisoires ou
accidentelles, les objets instantanés ou variables, en un mot, toutes les choses qui
sollicitent bien plus la surveillance de l'autorité qui administre, que l'intervention de
la puissance qui institue ou qui crée, sont
du ressort des règlemens.

Les règlemens sont des actes de magistrature, et les lois des actes de souveraineté (1).

Telle était la doctrine que professait alors le gouvernement lui-même par l'organe d'un de ses plus célèbres orateurs.

On avait encore prévu le cas où ces droits eussent été violés, et l'art. 28 autorisait le tribunat à déférer au sénat les actes du gouvernement contraires à la constitution. Le sénat, sur cette dénonciation, les maintenait ou les annullait, s'il y avait lieu.

Cependant, une si belle théorie ne fut point mise en pratique. Les décrets du gouvernement franchirent bientôt les bornes que l'art. 48 avait prescrites, et envahirent le domaine de la législation. Le tribunat garda le silence, et le sénat n'eut point à se prononcer sur cet envahissement.

Quelques tribunaux ne se crurent point liés par des actes du gouvernement, conçus en opposition avec les principes des lois, et ils eurent le courage d'en repousser l'application.

_____

(1) M. Portalis, discours préliminaire du projet de code civil, p. 19.

Cet exemple d'indépendance ne fut pas approuvé par la cour suprême, qui, se fondant sur la rigueur du droit, rendit, le 1.er Floréal an 10, un arrêt dont nous devons extraire les principaux motifs : « Considé-« rant que, d'après les art. 21 et 28 de la « constitution de l'an 8, au sénat conser-« vateur seul, appartient le pouvoir de ju-« ger les actes du gouvernement qui lui « sont déférés par le tribunat, pour cause « d'inconstitutionnalité........ Considérant « qu'un acte d'administration et de gou-« vernement, sous quelque rapport qu'on « l'envisage, ne saurait être soumis à la « censure des tribunaux; et qu'en empê-« chant par son jugement l'exécution d'un « arrêté des consuls, le tribunal d'appel « de Rennes a commis un excès de pou-« voir... Le tribunal casse et annulle... ».

« Cet arrêt, disait M. Merlin, dans son « plaidoyer du 29 Ventôse an 13, prouve « démonstrativement que les décrets im-« périaux ont acquis, dans les tribunaux, « la même autorité qu'une loi proprement « dite, et qu'ils la conservent tant que le

« sénat ne les aura pas annullés comme
« inconstitutionnels ».

En point de droit, ces principes semblent
incontestables, et la conséquence de M.
Merlin parfaitement déduite, surtout à
l'époque où il prononçait son plaidoyer.
Envisagés sous le point de vue du fait, les
objets changent bien de face.

N'est-il pas vrai que les grands corps de
l'État, n'étaient que de vains fantômes,
animés d'une ombre de vie et de liberté ?
que le plus hardi des membres du tribunat eût reculé devant l'audacieuse pensée
d'élever la voix pour signaler les actes abusifs du dominateur de la France ? Et cependant, quoi de plus abusif, de plus incons-
titutionnel que l'usurpation de l'autorité
législative ! Mais si le tribunat eût tenté
d'accomplir son devoir, n'est-il pas vrai
que le sénat, si tristement célèbre par sa
docile servilité, loin de prononcer et de
juger, eût redoublé ses prosternations devant la majesté de son maître ?

Ces considérations inspirèrent, sans

doute, la noble erreur du tribunal de Nantes et de la cour d'appel de Rennes ; la cour suprême, renfermée dans la stricte application de la lettre des lois, ne dut point s'y arrêter : d'ailleurs, placée dans le centre d'activité de l'inexorable pouvoir qui a subjugué le monde, pourrait-on lui faire un reproche d'y avoir cédé ?

Mais un nouvel ordre de choses se présente, il faut voir s'il a produit quelques changemens dans les raisons décisives qui viennent d'être exposées.

Ce même corps, chargé par la constitution de dénoncer les empiétemens du gouvernement, et si peu soucieux de s'acquitter de cette mission, émit un jour le vœu *spontané* de voir la magistrature consulaire transformée en dignité impériale héréditaire. Dans l'élan d'enthousiasme qui l'entraînait, il exprima, d'une manière tout aussi spontanée, l'inconcevable vœu de sa propre suppression. C'était, en effet, un hommage bien digne de la puissance nouvelle, que de lui sacrifier le seul corps qui conservât encore une apparence de liberté.

On sait comment ces projets s'exécutè-
rent. D'abord, le tribunat fut réduit à cin-
quante membres ; les discussions, cessant
d'être générales, n'eurent lieu que dans les
sections ; enfin, on porta au corps législatif, le 19 Août 1807, un sénatus-consulte
qui prononçait la complète suppression du
tribunat.

Le discours artistement ambigu de l'ora-
teur du conseil-d'état, voulait faire entendre, aux membres du corps législatif, que
tout cela s'opérait dans l'intérêt de leur
puissance ; ceux-ci gardèrent leur impassi-
bilité obligée, et l'œuvre de l'oppression
poursuivit sa marche au milieu du silence
imposé partout, sans avoir désormais à re-
douter le moindre murmure d'opposition.

Mais le gouvernement s'étant ainsi dégagé
de tout contrôle, dans l'invasion du pouvoir
législatif, avait besoin, pour en assurer les
résultats, de porter un coup à l'indépendance des établissemens judiciaires ; c'est
ce qui arriva lorsqu'un sénatus - consulte
suspendit indéfiniment l'institution des juges.

Cet acte du 17 Octobre 1807 coïncide parfaitement avec la suppression du tribunat ; il est facile de reconnaître qu'il tient au même plan , et qu'il n'est qu'un développement du système sur lequel on établissait le pouvoir absolu.

Il faut encore remarquer qu'il ne resta plus au sénat d'autres droits de surveillance que ceux qui se trouvent énoncés dans les art. 69, 70, 71 du sénatus-consulte du 28 Floréal an 12, et qui n'ont trait qu'aux actes émanés du corps législatif: cette assemblée muette inspirait de l'ombrage au despotisme , et son silence même était mis en prévention !

Que si l'on applique à de telles combinaisons les motifs de décider de l'arrêt que nous avons rapporté , ce ne sera plus , il faut le dire , qu'une étrange déception. Ainsi, à dater de l'époque que nous venons de signaler , la faiblesse seule des corps judiciaires , et la crainte qui les paralysait, ont pu leur faire maintenir comme *lois* , des décrets impériaux qui réglaient des points de législation ; car le droit et les

faits ne fournissent plus de prétextes plau-
sibles.

Dirait-on qu'un décret impérial n'a pas
dépassé les attributions gouvernementales
ou administratives, puisque le tribunat ne
l'a point dénoncé? Mais le tribunat n'existe
plus.

Allèguerait-on qu'il n'est pas inconstitu-
tionnel, puisque le sénat ne l'a pas déclaré
tel? Mais le sénat n'avait plus le droit
d'examen; et comment aurait-il été appelé
à statuer sur une dénonciation qui ne pouvait plus lui être portée? Le silence de
ce corps était-il donc une approbation, lorsqu'il n'avait plus le droit de le rompre?

Ainsi, la raison commande de distinguer
avec soin ces deux époques.

Sous la première, les décrets impériaux
seront obligatoires pour les tribunaux, non
en vertu d'une force qui leur est propre,
mais parce que le silence des corps constitués qui avaient reçu de la loi organisatrice
le pouvoir de les critiquer, est considéré
comme une approbation; que, dans la rigueur du droit, cette ratification tacite im-

prime aux décrets abusifs un caractère légal qu'ils n'eussent point acquis sans elle ; enfin, les juges, en arrêtant l'exécution des actes du gouvernement, usurpaient les prérogatives des tribuns et du sénat, et ce n'est point par un abus que les abus doivent être réprimés.

Sous la seconde époque, et lorsque les sénatus-consultes du 28 Floréal an 12 et du 19 Août 1807 eurent restreint les attributions de l'un des corps de l'État, et supprimé l'autre, les décrets impériaux, qui réglaient des points de législation, ne pouvaient acquérir aucune sanction ni tacite, ni expresse, et, aux yeux de la justice, cette usurpation n'eut plus d'autres droits que ceux qu'elle tirait de sa violence même (1).

---

(1) Malgré le respect que nous devons aux lumières de la cour de cassation, il nous sera peut-être permis de remarquer que le considérant de son arrêt du 6 Juillet 1827, rapporté par Sirey, tom. 27, pag. 463, 1.re part., se fonde sur des données inexactes ; on y lit : « Que le décret du 22 Mars 1813 est inter- « venu à une époque où les lois étaient journellement modifiées « par des décrets, et ou ces actes obtenaient force de loi, lors- « qu'après avoir été solennellement promulgués en la forme

Sans doute, les tribunaux ne firent nulle difficulté de maintenir et d'exécuter les dispositions de ces décrets usurpateurs, mais on sait bien pourquoi.

La toge s'inclinait silencieusement devant la puissance du glaive, et le bruit des armes étouffait toute discussion ; cependant, on ne prescrit point contre la justice, et jamais des droits légitimes ne peuvent naître durant son oppression.

Aussi, des cours supérieures, affranchies par la restauration et rendues à toute leur indépendance, ont-elles protesté en faveur

---

« ordinaire, ils n'étaient point dénoncés par les corps poli-
« tiques de l'État chargés, soit de concourir à la formation des
« lois, soit de veiller au maintien des lois qui déterminaient
« les limites des pouvoirs publics ».

Quels étaient, en 1813, les corps politiques chargés de dénoncer les actes du gouvernement qui violaient les limites des
pouvoirs publics ? Le tribunat n'existait plus à cette époque,
depuis long-tems, et le corps législatif n'avait aucune action.
Il nous semble qu'aujourd'hui un décret de 1813 ne pourrait
valider une dérogation aux lois précédentes, que dans le cas
où son exécution constante aurait eu lieu, ainsi que l'a décidé
la cour elle-même : or, ce n'est point le cas, dans l'espèce
de l'arrêt dont il s'agit.

des vrais principes ; et lorsqu'elles ont re-
fusé de reconnaître à de simples décrets le
caractère de lois , ce n'est point à l'aide de
motifs puisés dans le droit que leur refus à
été improuvé par la cour de cassation. Cette
cour a dit : « que les décrets du chef de
» l'ancien gouvernement, qui ont toujours
« été exécutés comme lois, doivent en con-
« server la force, jusqu'à ce qu'ils aient été
« légalement abrogés (1) ».

La cour régulatrice a donc pensé que la
toute-puissance des faits ne se contestait pas:
or, il était constant, en fait, que l'usurpation législative du régime impérial avait
été accomplie et consommée sans obstacle;
que, par cette usurpation, des droits avaient
pu s'établir entre les citoyens ; et que, pour
les régler de nouveau, ou les modifier ,
l'action douce et réfléchie des lois était
plus convenable , que la brusque interrup-
tion qu'y apporteraient des décisions judiciaires.

---

(1) Arrêt de la cour de cassation, 22 Octobre 1822, Syrey,
tom. 22, p. 404, 1.re part.

Ces considérations, d'ordre public, ont déterminé la jurisprudence à laquelle la cour suprême s'est montrée constamment fidèle, comme l'attestent plusieurs arrêts rapportés dans les recueils ; les doutes et les opinions, sur la force obligatoire des décrets impériaux, doivent donc être fixés par des raisons tirées de l'impérieuse loi de la nécessité, et non à l'aide de vains subterfuges sur la sanction tacite qu'ils auraient reçue ; nous en avons fait justice, et ce serait, ainsi que l'a dit M. le comte de Portalis à la chambre des pairs, « as- « similer le plus grand abus du pouvoir, « à son usage légitime (1) ».

C'en est assez sur l'examen des abus du régime impérial.

Nous avons dû montrer comment le dernier gouvernement, avec des formes constitutionnelles, était devenu, dans son action, purement absolu ;

Comment il avait absorbé la puissance

---

(1) Moniteur du 23 Avril 1823.

législative, lorsque, dans son principe, il
ne devait y prendre qu'un droit de partici-
pation;

Comment, enfin, s'étant placée au-dessus
de toutes les lois, et les pouvoirs politiques ayant été renversés ou subjugués, une
volonté unique avait régné sans bornes et
sans frein.

Nous avons dû signaler les résultats de
cette usurpation législative, et en préciser
avec soin les causes, afin d'éloigner toute
application de ces précédens à l'ordre franchement constitutionnel que nous allons
bientôt examiner.

Tout, dans l'œuvre de l'usurpation, porte
l'empreinte de la force et de l'hypocrisie;
dans l'œuvre de la légitimité, qui repose
sur l'heureuse alliance du pouvoir et des
libertés, tout est réglé par la franchise et
la bonne foi.

Mais la force, si puissante pour détruire,
ne fonde rien de durable; et s'il existe
encore des admirateurs du développement
de ce pouvoir, naguère colossal, qu'ils
méditent l'effrayante catastrophe de sa

chute : les défenseurs de la justice n'ont vu, dans la fausse grandeur de l'empire, que le renversement des principes, et la violation des droits sacrés des peuples.

CHAPITRE IV.

DES ORDONNANCES ROYALES SOUS LES LOIS DE LA MONARCHIE CONSTITUTIONNELLE.

Mutilée par l'anarchie, épuisée par les exigences du pouvoir militaire, la France, à l'époque de 1814, envahie, toute sanglante, demandait enfin à la civilisation européenne le terme de tant de maux.

Les rois de l'Europe, réunis alors dans la capitale que les chances des combats leur avaient livrée un instant, ne s'aveuglèrent pas sur leurs succès. Ils furent convaincus que la nation s'était isolée d'un chef qui l'entraînait dans les voies d'une ambition personnelle; que ce chef avait pu être terrassé, mais que la nation, malgré ses désastres, n'avait pas été vaincue. Ainsi, le dénoûment du long drame politique où tant de contrées et de peuples avaient servi de théâtres et de victimes, se présentait natu-

I

rellement aux combinaisons de l'homme
d'État, comme aux vœux du sujet fidèle.
La France, rendue à elle-même sous l'empire de ses princes légitimes, conservait
son rang parmi les peuples, et la paix était
assurée.

Mais cette réconciliation, pour être solide,
devait s'appuyer sur la paix intérieure, qu'un
gouvernement loyal, réparateur, fort, en
harmonie avec les intérêts généraux, pouvait seul garantir ; et la France ne l'atten-
dait que de son roi.

Heureusement, la providence avait réservé, pour cette mission, un prince qui
semblait marqué de loin pour l'accomplir.

Doué d'une ame élevée et d'un esprit
étendu, témoin de nos premières discor-
des, il les avait observées en homme d'État,
et jugées en philosophe qui remonte aux
premiers principes : « Je n'ai jamais cessé
« de croire, disait ce prince en 1789, qu'une
« grande révolution était prête ; que le roi,
« par ses intentions, ses vertus et son rang
« suprême, devait en être le chef, puis-
« qu'elle ne pourrait pas être avantageuse à

« la nation , sans l'être également au mo-
« narque; enfin , que l'autorité royale de-
« vait être le rempart de la liberté na-
« tionale , et la liberté nationale , la base
« de l'autorité royale (1) ».

Ayant donc connu les vœux et les besoins
de son peuple, le roi se plaça franchement
à la tête du mouvement de la société nouvelle , pour le diriger ; et loin de s'arrêter
aux notions de l'établissement monarchique du siècle précédent, ou au système absolu de Louis XIV , « résolu d'adopter *une*
« *constitution libérale* (2) , il sentit le be-
« soin de chercher les principes de notre
« charte constitutionnelle dans le caractère
« Français et dans les monumens vénéra-
« bles des siècles passés (3) ».

C'est ainsi , et dans une telle situation
des choses, que s'opéra la restauration de la

---

(1) Discours de Monsieur à la commune de Paris , le 26
Décembre 1789. — Extrait des procès-verbaux de la commune
de Paris.

(2) Déclaration de St.-Ouen, 2 Mai 1814.

(3) Préambule de la charte.

France ; examinons les bases sur lesquelles ce grand œuvre est fondé.

Notre pacte social, selon la pensée de son immortel auteur, est spécialement propre aux mœurs du peuple qu'il a constitué. En effet, la charte établit et la royauté et les libertés sur des principes de droit public qui sont nationaux ; en quoi, elle diffère essentiellement des constitutions éphémères des diverses époques de la révolution, qui fondaient l'état social sur l'abstraite généralité des droits de l'homme considéré dans son individualité, et sur le dogme d'une égalité absolue.

Mais ces principes de droit public, proclamés par la charte, ne sont que l'expression de l'autorité des siècles : qui peut songer à la récuser ?

De cette autorité découlent et la légitimité du pouvoir suprême et la légitimité des droits des peuples ; car, par la nature des choses, ils ont aussi la leur, et on ne la méconnaîtrait pas sans danger.

Or, ces principes fondamentaux du droit public des Français, qui forment, pour

ainsi parler, les colonnes de l'édifice social, établissent positivement, que les actions, les droits, les devoirs des citoyens
ne sont réglés que par la loi.

Les art. 1, 4, 8, 12 de la charte, n'ont
pas d'autre signification.

Développant, ensuite, les formes du gouvernement, la constitution a sagement di-
visé et séparé l'exercice des hautes fonctions de la souveraineté.

La puissance exécutive appartient au roi
seul, dont la personne est inviolable et
sacrée, et il l'exerce par des ministres responsables.

Le prince fait les traités, nomme à tous
les emplois ; il dresse les règlemens et ordonnances nécessaires pour l'exécution des
lois et la sûreté de l'État.

Voilà ce qui constitue l'action gouverne-
mentale et administrative.

Mais la puissance législative est divisée
en trois branches : elle s'exerce collectivement par le roi, la chambre des pairs, et
la chambre des députés.

Le roi s'y montre comme *le principe et*

la sanction des lois, puisqu'il les propose, et que sa volonté seule leur donne une force exécutoire par la promulgation.

Cette disposition rappèle textuellement l'ancien adage de la monarchie : *Lex fit consensu populi et constitutione regis.*

Ainsi, les chambres sont deux branches de la souveraineté, indispensables pour représenter l'autorité publique nationale ; elles forment, avec le roi, la réunion complète de la souveraineté. Car, comme l'a dit M. Portalis, dans son discours du 4 Ventôse an 11, *le pouvoir législatif est la toute-puissance humaine.*

Cette division nous semble présenter l'avantage d'être à-la-fois monarchique et nationale :

Monarchique, car tout émane du roi, et c'est lui-même qui a fixé et déterminé la part que son autorité devait prendre à la formation des lois ;

Nationale, car les antiques droits du peuple d'intervenir par une discussion et un vote libres dans les actes législatifs, se trouvent garantis et reconnus.

Après avoir participé, par la proposition et la sanction, à la création des lois, la puissance royale ne s'est réservé que le droit d'en assurer les effets, par des ordonnances ou des règlemens administratifs qui en expliquent ou développent les conséquences.

Dans ce système, les lois, comme on vient de le voir, sont des actes émanés de la souveraineté pleine et entière ; les ordonnances et règlemens sont des actes de haute prévoyance ou d'administration.

Or, les actions et les droits des citoyens ne sont réglés que par les lois émanées des trois pouvoirs exerçant la plénitude de la souveraineté ; d'où suit la conséquence nécessaire, que les ordonnances de la couronne, qui n'est qu'une branche de la souveraineté, n'auront pas le pouvoir de régler les actions des citoyens, en les soumettant, par exemple, à des restrictions pénales, ou de modifier leurs droits privés en statuant sur leurs intérêts civils. Ces ordonnances n'auront, par rapport à eux, d'autres effets que ceux qui résultent des principes posés par les lois antérieures.

Qu'on ne nous accuse pas de prescrire arbitrairement des bornes à la puissance royale. Ces bornes, c'est le monarque lui-même, agissant comme suprême législateur constituant, qui les a fixées pour consacrer l'œuvre du tems et de la civilisation. C'est lui qui a circonscrit le cercle dans lequel son autorité devait se renfermer; et si cette autorité, dans son action administrative, avait le droit de paralyser l'exécution des lois par des règlemens contraires, elle deviendrait, seule, le pouvoir législatif; et dès-lors, les formes du gouvernement du roi seraient renversées et inutiles.

Admettre la possibilité d'un tel résultat, ce serait démentir la haute sagesse de l'auteur de notre loi fondamentale; ajoutons que ce serait violer toutes les notions qui assurent la stabilité des sociétés civiles: « Quand la constitution d'un peuple est « établie, le pouvoir constituant disparaît. « C'est la parole du créateur qui com- « manda une fois pour gouverner toujours;

« c'est sa main toute-puissante qui se re-
« posa pour laisser agir les causes secon-
« des , après avoir donné le mouvement et
« la vie à tout ce qui existe. Par la cons-
« titution , le corps politique acquiert tout
« ce qui lui est nécessaire pour être viable;
« il acquiert une volonté et une action ,
« mais alors il se suffit à lui-même pour se
« conserver et se conduire » . (1)

Disons donc avec le grand publiciste auquel nous empruntons ces paroles , que le
pouvoir constituant , ayant accompli son
œuvre , s'est retiré pour laisser les pouvoirs
organisés agir dans la sphère d'activité qui
leur est propre. Ainsi , le gouvernement
rendra des ordonnances pour l'exécution
des lois , mais il ne fera point de lois générales ou privées par lesquelles les citoyens
verront leurs droits réglés ou modifiés.
Enfin , le roi n'exercera son autorité que
suivant la forme constitutionnelle.

---

(1) Portalis, discours du 23 Frimaire an 10, p. 225, édit. de
Didot.

C'est sur les mêmes principes que se règle l'action de la puissance exécutive, chez un peuple qui nous a devancés dans la pratique des gouvernemens constitutionnels; en Angleterre, « le roi, dit Blackstone, liv. « 1.er, chap. 7, n. 3, n'a que le droit de « faire des proclamations pour contraindre « d'exécuter les lois....... Néanmoins, les « proclamations ou ordonnances ne sont « obligatoires qu'autant qu'elles n'appor- « tent aucune innovation à la loi, et qu'elles « ne dispensent point d'observer une loi « existante. Les proclamations contraires « à la loi n'obligent point les sujets qui ne « peuvent être punis pour avoir négligé de « s'y conformer ».

Ainsi, il demeure constant que l'autorité royale n'est qu'une fraction de la puissance législative, et que les règles qui fixent les rapports des citoyens entre eux, leurs intérêts, leurs actions, et qui forment le corps du droit civil, ne peuvent émaner que de la plénitude de cette puissance.

Mais les lois ne tracent que des règles générales, et pour en faire l'application aux cas particuliers qui résultent du froissement des intérêts civils des individus, il a fallu établir une autorité intermédiaire, chargée de prononcer et de statuer sur les contestations privées.

Les tribunaux ont été investis de cette autorité ; ils sont dépositaires du pouvoir de juger, et organes de la puissance législative.

Leurs fonctions consistent à exprimer avec exactitude et discernement les rapports des contestations qui leur sont soumises avec les lois générales, et à les terminer par un jugement qui fait l'application précise de ces lois.

Voilà ce qui constitue la justice distributive.

Ces jugemens déclareront donc le point de droit qui résulte en faveur des particuliers du texte de la loi. Ils seront, pour les parties intéressées, le complément de cette loi, et formeront ainsi autant de lois privées coordonnées avec la loi générale.

D'où il suit, que l'autorité royale qui a revêtu de la force de l'État la loi géné-

rale, prêtant le même appui aux décisions
légales des tribunaux, qui, sans cette autorité, demeureraient inertes et sans vie, il
sera vrai de dire, que le roi, source et
sanction de la puissance législative, est
encore la source et la sanction de l'autorité judiciaire, qui reçoit de lui toute sa
force d'exécution.

Examinons si ces principes ne répondent
pas à l'organisation du pouvoir judiciaire,
d'après la charte, et au but de son institution.

On y lit ces mots : « Toute justice émane
« du roi......... elle s'administre, en son
« nom, par des juges qu'il nomme et qu'il
« institue. Les juges nommés par le roi
« sont inamovibles. Nul ne pourra être
« distrait de ses juges naturels ».

La justice émane du roi, car il est le
chef suprême de l'État, le représentant héréditaire de la volonté publique nationale.

Elle s'administre *en son nom*, puisqu'il
lui prête sa force et donne la vie à ses décisions. Mais c'est en son nom seulement que
ces décisions sont rendues, ce n'est point

par lui-même : dans aucun cas, il ne sta-
tuera sur les intérêts civils de ses sujets.
La liberté, la sûreté publique le veulent
ainsi.

Et afin que l'influence du pouvoir suprême
ne puisse, même indirectement, agir sur
la conscience des juges, la constitution veut
qu'ils soient inamovibles, et qu'à la diffé-
rence des autres agens de l'autorité publique, une fois nommés par le roi, leur
mandat ne soit point révocable.

Le monarque a pris soin lui-même de
développer toute sa pensée à ce sujet :
« Les juges seront inamovibles, disait-il
« le 2 Mai 1814, *et le pouvoir judiciaire*
« *indépendant* ».

Or, qu'est-ce que l'indépendance du
pouvoir judiciaire, si ce n'est la liberté
pleine et entière de n'agir que selon l'ordre des lois?

C'est donc un droit formellement attribué aux juges, de ne consulter que la loi
pour former leurs jugemens ; ajoutons que
c'est leur premier devoir, car l'indépendance des jugemens est la garantie des

libertés publiques, comme le rempart de la stabilité des trônes.

Et que deviendrait cette précieuse indépendance, s'il existait dans l'État une autorité quelconque qui pût imposer silence aux lois, pour leur substituer les décrets de son arbitraire volonté?

Le roi lui-même ne le pourra pas; car, si ses ordonnances étaient obligatoires, d'une manière absolue, pour les juges, ce ne serait plus en son nom que s'administrerait la justice, mais ce serait par lui, par sa puissance exécutive; et voilà ce que la loi fondamentale ne permet pas.

Le chef de l'État ne sera pas non plus en droit de déléguer des juges, de changer l'ordre des juridictions, puisque la constitution décide que nul ne pourra être distrait de ses juges naturels.

Tout, dans l'organisation du pouvoir judiciaire, en France, se rapporte donc à ce but éminemment national, de l'affranchir des caprices ou des ordres arbitraires de la puissance exécutive de l'État, confiée par le fait aux conseillers de la couronne,

pour ne soumettre son action qu'à la puissance législative.

C'est, en effet, *dans la puissance législative que réside toute la souveraineté* (1),
et la justice est une dette de la souveraineté pleine et entière ; les tribunaux sont
institués pour l'acquitter ; organes de cette
toute-puissance, ils ne doivent parler que
son langage, ne prononcer leurs sentences
que d'après les règles qu'elle a tracées.

Lorsque les choses sont si clairement
définies par la loi constitutionnelle, comment y trouverait-on quelque place pour
l'arbitraire ? Il n'y en a point, car on ne
voit nulle lacune entre les droits des peuples et les pouvoirs chargés de les maintenir.

D'un côté, on doit reconnaître que la
loi seule peut créer ou modifier les intérêts civils des citoyens ;

Que l'autorité royale ne peut seule faire

---

(1) M. Henrion-de-Pensey, de l'autorité judiciaire, ch. 1.er
p. 112.

la loi : d'où l'on conclut qu'elle ne peut seule créer ou modifier les intérêts civils.

D'un autre côté, un pouvoir intermédiaire, indépendant, est institué pour décider et juger les contestations privées, aux termes des lois. Il ne pourra donc appliquer aux citoyens que les lois qui les obligent ; et les ordonnances du gouvernement ou de la puissance exécutive, n'auront pas plus d'influence sur les décisions judiciaires, que sur les droits de ceux qui les réclament.

Qu'il nous soit encore permis d'appuyer cette doctrine de l'autorité des publicistes de l'Angleterre. Car ce serait un étrange système, d'emprunter à ce peuple ses lois organiques, et de répudier les conséquences qui en découlent :

« Le roi est le chef suprême des tribu-
« naux, dit Delolme ; mais il ne peut rien
« changer aux maximes et aux formes que
« la loi ou l'usage ont consacrés ; il ne
« peut même influer en quoi que ce soit
« sur la décision des affaires particuliè-
« res...... ».

Le même auteur cite un article du statut de la seizième année de Charles 1.er, ainsi conçu : « Soit semblablement déclaré que, « ni sa majesté, ni son conseil privé, n'ont « juridiction, pouvoir ou autorité de met- « tre en question, d'examiner ou disposer « des biens des sujets de ce royaume (1) ».

Blackstone nous enseigne que plusieurs lois, notamment le bill des droits, ont maintenu la supériorité des lois sur le roi, et ont rendu les juges complètement indé- pendans du roi et de ses ministres.

« Le bill des droits, dit encore le juris- « consulte Meyer, a donné aux juges la « faculté, ou plutôt leur a imposé le de- « voir de désobéir à tout ordre qui leur se- « rait adressé, au nom du roi, contraire « aux lois et aux usages du royaume ».

Bien que, parmi nous, aucune loi expresse n'ait établi ce point d'une manière aussi formelle, il se trouve cependant implicite- ment réglé par la loi constitutionnelle, et

_____

(1) Delolme, constitution de l'Angleterre, 5.me édit. p. 103.

L

le principe contraire n'aurait d'autre résultat que de confondre les attributions des
pouvoirs, qui ont été séparées avec tant de
soin, et de renverser enfin les formes du
gouvernement.

Qu'arrivera-t-il donc si deux parties, en
instance devant un tribunal, invoquent ou
repoussent, pour la décision de leurs dif-
férends, l'application d'une ordonnance
royale ?

Il faut faire ici une importante distinction :

Ou l'ordonnance n'est qu'une déduction
pratique et réglementaire d'une loi anté-
rieure, conforme à ses principes, et destinée uniquement à régler des difficultés
d'exécution que la loi n'a pu prévoir ;

Ou bien, l'ordonnance, empiétant sur le
domaine législatif, proclame des principes
nouveaux, institue des droits dérogatoires
ou contraires à ceux qu'a créés une loi
positive.

Dans le premier cas, nulle difficulté : la
puissance exécutive s'est renfermée dans le
cercle de ses attributions constitutionnelles,

qui consistent à faire des règlemens pour l'exécution des lois, et ces règlemens seront obligatoires en vertu des lois d'où ils découlent.

Dans le second cas, et dans toutes les suppositions qu'il admet, il suit des principes développés plus haut, que les juges n'auront nul égard à l'ordonnance, qu'ils devront l'écarter pour s'en tenir au texte des lois existantes dont ils feront l'application selon leur conscience.

Pour parvenir à ce résultat, il faut donc que les juges aient la faculté d'examiner et d'apprécier la légalité de l'ordonnance, afin de l'admettre ou de la rejeter en connaissance de cause.

Cependant, cette faculté sans laquelle tout jugement devient impossible, on croit pouvoir la refuser aux tribunaux, et l'on invoque, à ce sujet, l'opinion de M. Henrion-de-Pansey.

Voici comment s'explique ce savant magistrat : « La présomption est toujours en « faveur de l'autorité royale, et l'ordon-« nance doit être réputée légale, par cela

« seul qu'elle existe. Le réclamant s'adres-
« sera donc au roi, ou, ce qui est la même
« chose, à ceux de ses conseillers qu'il a
« chargé de lui rendre compte de l'affaire,
« ou il se plaindra au corps législatif. S'il
« en était autrement, s'il était donné aux
« juges de prononcer sur la légalité d'un
« acte de cette espèce, ce serait subordon-
« ner la première des autorités à une auto-
« rité secondaire ; ce serait choquer l'in-
« dépendance de l'administration, et l'ad-
« ministration passerait dans les cours de
« justice (1) »

C'est là, sans doute, une grave autorité ;
et si M. le président Henrion s'occupe des
matières du contentieux purement judiciaire, il établit des principes opposés à
ceux qui nous ont guidé dans cette discussion. Il nous importe donc de démontrer que, même dans cette hypothèse,
l'opinion que nous venons de citer n'est
pas conforme aux vrais principes.

---

(1) De l'autorité judiciaire, ch. 28, p. 463 et 464.

L'argument de M. Henrion-de-Pansey offre, dans son analyse, deux objets distincts.

1.º Une ordonnance royale est, dit-il, légale par elle-même ; en l'examinant, les tribunaux empiètent et sur le pouvoir législatif, et sur l'autorité administrative.

2.º Ils porteraient une atteinte à l'inviolabilité et à la puissance du monarque.

C'est sous ce double point de vue que nous allons l'envisager.

Et comme les objections qu'on pourrait nous faire, découlent de ces considérations principales, nous aurons occasion de les réfuter toutes, et de compléter nos preuves, en établissant les deux propositions contraires.

§ I.ᵉʳ

Les ordonnances royales doivent toujours céder à la loi ; en les examinant, les tribunaux n'empiètent ni sur le pouvoir législatif, ni sur l'autorité administrative.

Les devoirs des juges se trouvent clairement définis par ce précepte de Justinien :

*Illud observare debet judex , ne aliter ju-
dicet quàm legibus aut constitutionibus pro-
ditum est* (1).

Le juge est le ministre des lois , il n'en
est pas l'arbitre , dit le commentateur Vin-
nius : *Et postquàm leges latæ sunt , non de
ipsis , secundùm ipsas judicandum est* (2).

Ainsi , le juge doit se renfermer dans la
stricte application de la loi , il ne doit pas
la juger.

Est-ce à dire , que le juge ne devra pas,
avant de prononcer sur la contestation qui
lui est soumise , s'enquérir de la nature
de l'acte où l'on veut trouver le texte qui
sert à la décider ?

Si c'est une loi qu'on invoque , il s'assu-
rera , avant tout , qu'elle émane de la puis-

----

(1) Instit. de off. jud. ad. princip. On lit encore dans la no-
velle 82 , chap. 13 : « *Omnis judex custodiat leges et secun-*
« *dùm eas proferat sententias ; et vel si contingat jussionem*
« *nostram in medium , vel si sacram formam , vel si prag-*
« *maticam procedere sanctionem, dicentem aliter agi, sequa-*
« *tur legem,* nos enim volumus obtinere quod nostræ volunt
« leges ».

(2) Nov. 12 , cap. 6.

sance législative : après en avoir acquis la
conviction , comme il n'est que l'organe
passif de cette puissance , il prononcera sa
sentence d'après la loi , par cela seul que la
loi existe.

Ce ne sera point juger la loi , mais s'assurer des formes extrinsèques qui la cons-
tituent.

Mais le juge n'est point l'organe obligé
de la puissance exécutive ; et, lorsqu'on lui
demande l'application d'une ordonnance
qui en émane , il y a nécessité de savoir si
cette ordonnance est conforme à la loi et
rendue pour son exécution.

C'est un devoir rigoureux pour lui , afin
de remplir son mandat et de juger selon
la loi.

Car si l'ordonnance déroge à une loi
claire , précise , n'est-il pas évident qu'elle
doit être écartée pour appliquer les dispositions de la loi ?

Que si l'ordonnance dispose par principe
nouveau , et crée , institue un droit , n'est-
il pas de même évident qu'elle se trouve en
contradiction avec la loi suprême constitu-

tionnelle, qui ne donne de force aux ordonnances que pour l'exécution des lois?

Ce n'est donc que par une confusion de
principes, que l'on peut dire, avec M. Henrion-de-Pansey : *Que l'ordonnance est légale, par cela seul qu'elle existe.*

Cela est vrai pour l'acte de la puissance
législative; il est légal, par cela seul qu'il
existe, et qu'il est *l'expression de la toute-
puissance publique.*

Mais l'acte émané de la puissance exécutive n'est point légal d'une manière absolue;
il n'a de légalité que dans l'étendue des
attributions constitutionnelles de cette puissance, c'est-à-dire, dans son action pour
assurer l'exécution des lois.

Ces principes reçoivent un nouveau degré
de force, si l'on réfléchit que les lois sont
nécessairement obligatoires, en vertu de la
formule de leur promulgation, contenant
un mandement à toutes les autorités du
royaume de *les garder et faire observer;*
que les règlemens du gouvernement ne contenant pas une semblable formule, ne tirent
point leur force exécutoire d'eux-mêmes,

mais uniquement d'une loi précédente , dont ils sont toujours , en droit , les corollaires et les déductions pratiques.

C'est par l'application de ces doctrines que la cour royale de Douai avait rejeté un décret impérial qui ajoutait une disposition nouvelle à la loi du 13 Fructidor an 5 : « Considérant , disait cette cour , dans son « arrêt du 30 Octobre 1819 (1) , que les « décrets impériaux n'avaient d'autorité , « *comme les ordonnance sous la charte* , « *que pour l'exécution des lois* , et que si « l'ancien gouvernement a abusé de cette « autorité, cet abus a cessé avec lui , etc. ».

La cour de cassation , en réformant cet arrêt , par les motifs que nous avons fait connaître dans le chapitre précédent , a maintenu le principe et ne s'est opposée qu'aux conséquences qui en résultent par rapport aux actes de l'ancien gouvernement. M. Merlin ne laisse aucun doute à cet égard, dans ses additions au répertoire , *Verb. In*-

(.) Sirey , tom. 20 , p. 185 , 1.re part.

M

terprétation, p. 528, publiées en 1824 :
« L'arrêt de la cour royale de Douai, dit-
« il, en plaçant les décrets antérieurs à la
« charte constitutionnelle, sur la même
« ligne que les *ordonnances sous la charte*,
« et en disant qu'ils n'ont, comme celles-
« ci, d'*autorité* que pour l'exécution des
« lois, fait clairement entendre que les or-
« donnances seraient sans autorité, sous la
« charte, si elles contenaient des disposi-
« tions législatives. Or, l'a cour de cassation
« ne l'a point improuvée en ce point......;
« cet arrêt décide donc, que les ordonnan-
« ces seraient sans autorité, si de propre
« mouvement elles *interprétaient* des lois ;
« M. Toullier n'hésite pas à dire qu'elles
« seraient un empiétement sur le pouvoir
« législatif ; ce qui signifie assez clairement
« qu'*elles ne seraient pas obligatoires pour*
« *les juges.*

« En effet, continue-t-il, les décrets du
« dernier gouvernement n'étaient obliga-
« toires pour les tribunaux, que parce qu'il
« existait alors un pouvoir qui avait le droit
« d'annuller les actes du gouvernement qu'il

« trouvait attentatoires à la constitution ; et
« lorsqu'il n'exerçait pas ce droit, lorsqu'il
« ne remplissait pas ce devoir, nul n'avait
« qualité pour dénier aux actes législatifs
« de ce gouvernement le caractère et la
« force des lois. Or, cette raison est évi-
« demment inapplicable aux ordonnances
« royales ».

M, Merlin rapporte l'opinion de M. de
Serre, alors garde-des-sceaux, émise à la
tribune de la chambre des députés, le 25
Janvier 1819; nous en citerons quelques
passages : « Antérieurement à la charte, il
« y avait des points réglés par des décrets,
« nul doute que ces points appartiennent
« au domaine de la loi. Il n'y a que le con-
« cours des trois branches législatives qui
« puisse rectifier ce qui a été fait par celui
« qui, dans l'exercice du pouvoir exécutif,
« a empiété sur le pouvoir législatif. S'il en
« était autrement, il en résulterait que l'on
« ferait passer dans le domaine exécutif ce
« qui est du domaine législatif, et que le
« roi disposerait seul des matières sur les-
« quelles, d'après la charte, il ne peut dis-

« poser qu'avec le concours des cham-
« bres (1) ».

Ainsi, nos raisonnemens tirés de la nature
des institutions qui nous régissent, sont con-
firmés par la jurisprudence des cours supérieures, par l'opinion des jurisconsultes et
des hommes d'État; il en résulte que les
ordonnances royales ne peuvent l'emporter
sur la loi, et que c'est un droit et un devoir
pour les tribunaux de les examiner, et d'en
écarter l'application si elles dépassent les
bornes constitutionnelles de la puissance
exécutive.

Il nous est facile d'établir que, dans ce
cas, les juges ne commettent aucun empiétement sur le pouvoir des chambres, ni sur
les attributions de l'autorité administrative.

On dirait, sans doute, avec vérité, que
les tribunaux envahissent la législation et
l'administration, s'ils prononçaient par voie
de règlemens généraux; s'ils avaient la pré-
tention de substituer ces règlemens à ceux

---

(1) Moniteur du 26 Janvier 1819.

de la puissance exécutive, de décharger les justiciables de l'obligation d'observer les uns, pour leur imposer les autres. Mais cela n'arrivera jamais ; car les tribunaux n'ont à statuer que sur deux intérêts privés, en opposition, dont l'un invoque et l'autre repousse l'application d'une ordonnance.

Que font donc les juges ? Par une décision qui n'a de force qu'entre les parties en cause, ils déclarent, pour l'espèce, le point de droit toujours puisé dans la loi, qui ne doit avoir ni obscurité ni lacune de nature à arrêter leur décision.

Or, un jugement n'est pas un acte de législation.

On insiste, et l'on soutient que les tribunaux doivent faire l'application de l'ordonnance royale, sauf à la partie, qui croirait ses droits lésés, à se pourvoir devers les chambres.

Mais on oublie qu'un semblable recours attribuerait l'autorité judiciaire à ces branches de la législature ; et prétendre que la puissance législative ait le droit de juger, ce serait encore renverser les formes du gouvernement.

Que si ce recours n'a d'autre objet que
d'avertir l'autorité législative de l'abus de
pouvoir commis par la puissance exécutive,
parce qu'elle seule peut en poursuivre la ré-
pression, on s'égare encore : s'il en était
ainsi, l'administration passerait dans les
mains des chambres, et l'on n'ignore pas combien le gouvernement se montre jaloux de
s'affranchir de ce contrôle manifestement
illégal.

Au surplus, cette idée ne peut naître que
dans la préoccupation des institutions de
l'an 8. Le général du 18 Brumaire n'avait
pas craint de donner à une fraction du corps
législatif le droit apparent de surveiller les
actes du gouvernement et d'en poursuivre
l'annullation, pour cause d'inconstitutionnalité, parce qu'il savait qu'en politique,
la force ne se transmet pas, qu'elle reste
toute entière à celui qui la donne, et plus
grande qu'à l'autorité qui la reçoit. Le pouvoir militaire s'augmentait donc de toutes
les garanties qu'il paraissait accorder. Ce
fut, au reste, une concession de pure théorie, en faveur des opinions qui réprouvaient
un pouvoir absolu et sans limites; on la re-

tira, dès qu'on se crut assez fort pour n'a-
voir plus besoin de garder aucune réserve.

Dans un État fondé sur les vrais principes
sociaux, où chaque pouvoir agit par une
force vitale qui lui est propre, la constitution ne saurait admettre de droits fictifs, et
elle périrait si le droit de faire des lois et
d'en surveiller l'exécution résidait réellement dans les assemblées législatives. La
charte nous a mis à l'abri de ce danger.

Vainement voudrait-on trouver ce principe de surveillance générale dans la faculté,
donnée à la chambre des députés, d'accu-
ser les ministres devant la chambre des
pairs.

D'abord, ce droit d'accusation n'est encore qu'un principe qui n'a pas reçu son
organisation ; et comme, d'après l'art. 56
de la charte, il est circonscrit aux crimes
de haute trahison et de concussion, on peut
supposer que la loi à intervenir sur cette
matière, ne comprendra pas les cas où une
ordonnance royale serait viciée de quelque
abus de pouvoir, ou d'un empiétement sur
le domaine législatif ; c'est une erreur de

l'autorité, qui ne paraît point devoir constituer un crime.

Il faut remarquer encore, que cette accusation est un moyen exorbitant, violent
même, qui, pour conserver son efficacité,
ne doit s'employer que dans des circonstances fort graves, conséquemment assez rares;
et qu'il serait dérisoire de le présenter à
un simple citoyen qui prétendrait que ses
droits sont lésés par l'application d'une
ordonnance royale dérogatoire aux lois du
royaume.

Ainsi, en définitive, la réclamation du
particulier contre les dispositions d'une ordonnance, serait renvoyée par les chambres
devant l'administration elle-même, qui, juge
dans sa propre cause, persisterait dans sa
décision et laisserait la plainte sans effet.

Que d'efforts et de circuits pour ravir aux
parties la voie efficace et légale que leur
offre le cours de la justice ordinaire !

Mais, dans une société politique bien orga-
nisée, des droits légitimes peuvent-ils rester
en péril ? Non, sans doute, et les tribunaux
sont institués pour y pourvoir.

Prouvons, encore, que l'indépendance de l'administration ne saurait être compromise.

La justice, en France, bien que rendue sous diverses formes plus ou moins solennelles, est une, et ne peut être qu'une dans son principe et dans sa fin.

La même unité de principe et de fin, se retrouve dans l'administration ; car, que l'on parcoure la hiérarchie administrative, on y voit que tous les rangs sont occupés par des *mandataires* de la puissance royale, et que chacun de ces mandataires, dans ses attributions spéciales et locales, agit pour l'exécution des ordres du souverain, comme chef suprême de l'administration.

Dès-lors, soit que l'autorité administrative se manifeste par les formes générales d'une ordonnance royale contre-signée par un ministre responsable, premier organe de cette autorité ; soit qu'elle se manifeste par une ordonnance municipale ou préfectorale destinée à régler des choses d'un intérêt spécial et local, on y reconnaît le même principe et la même fin. Ces actes,

différens par leur objet, émanent de la
même source et y puisent toute leur force.

Mais, puisqu'il est vrai que le règlement
du maire a besoin de l'approbation du pré-
fet, et que les décisions de ce fonctionnaire
sont encore soumises à l'approbation d'un
ministre responsable, le principe d'autorité
étant le même, le résultat de ces actes doit
aussi être le même. Cette conséquence nous
semble inattaquable.

Dans cet état de choses, l'ordre judiciaire
et l'ordre administratif sont organisés pour
marcher parallèlement, sans jamais se heur-
ter, vers le but qui leur est propre, et satisfaire aux grands intérêts qui leur sont confiés.

Et on ne cherchera point à leur assigner
des rangs; on se gardera de dire que l'un
est supérieur, l'autre subordonné; il est
prudent et sage d'y voir deux grandes néces-
sités politiques, sans lesquelles l'ordre social ne saurait subsister. Mais on reconnaî-
tra que ce serait un inconvénient très-grave,
si la justice venait à dévier de sa route pour
empiéter sur le domaine de l'administra-

tion et usurper ses fonctions ; et que le pré-
judice ne serait pas moindre si l'administration pouvait faire quitter à la justice la
ligne qui lui est tracée, pour l'entraîner
dans les voies mobiles et capricieuses de
son action.

Or, de ces deux hypothèses également
contraires à la conservation des intérêts
publics, nous disons que ce n'est point la
première, mais la seconde qui se réaliserait,
si les tribunaux appliquaient, de toute
nécessité, et sans examen préalable, les
ordonnances de la puissance exécutive de
l'État.

En effet, il est constant, en droit, que
les tribunaux de police ne peuvent faire
l'application des règlemens des maires et
préfets, que dans les cas où ces règlemens
sont rendus conformément aux lois. Une
multitude d'arrêts attestent que la jurisprudence du royaume est invariable sur ce
point. Il en est un, surtout, qui suivit la
discussion la plus solennelle devant les
chambres assemblées de la cour de cassation ; il cassa la décision d'un tribunal qui

avait condamné un sieur *Roman* à des pei-
nes de police, faute d'avoir déféré à un
arrêté du maire, qui enjoignait de tapisser
le devant des maisons. M. Henrion-de-Pansey, après avoir développé les motifs de
cet arrêt, s'exprime ainsi, dans son ouvrage sur la compétence des juges-de-paix,
pag. 465 : « Chacun des pouvoirs a une
« sphère d'activité qui lui est propre ; et
« lorsque l'un se permet d'en franchir les
« limites, l'autre n'est pas moins obligé à
« respecter les siennes........ Le pouvoir
« judiciaire, ajoute-t-il, n'est pas obligé
« de porter secours au pouvoir administra-
« tif ; si ce dernier est sorti des bornes de
« ses attributions, ce n'est pas une raison
« pour que l'autorité judiciaire commette
« une *forfaiture* en s'associant à son usur-
« pation ».

Mais si les notions que nous avons exposées, sur le système administratif, sont justes, les paroles qu'on vient de lire s'appli-
quent aux ordonnances royales, comme aux
ordonnances municipales ; et les juges en
matière civile ou criminelle ne seront pas

plus liés par les premières, que les juges de police ne le sont par celles-ci. Les uns et les autres ne les réputeront obligatoires que dans les cas où elles seront conformes aux lois.

Il est donc vrai que les tribunaux de police, en écartant les dispositions des règlemens municipaux, pour s'en tenir au texte des lois, ne sauraient encourir le reproche d'usurper le pouvoir administratif; d'où il suit que les tribunaux supérieurs peuvent de même, en toute matière, écarter les ordonnances royales, sans être accusés de cette usurpation. Enfin, l'ordre judiciaire accomplit ainsi ses devoirs, conserve son indépendance, sans laquelle il n'y a plus de justice dans l'État, et ne choque point l'indépendance du pouvoir administratif (1).

Nous croyons en avoir dit assez pour

_____

(1) Voyez encore, sur ce point, le plaidoyer de M. Isambert, rapporté par M. Paillet, *Droit public Français*, et les recherches dont ce laborieux jurisconsulte a enrichi cet ouvrage, pag. 945 et 962.

détruire les objections que les adversaires
de nos principes croiraient pouvoir puiser
dans l'opinion de M. Henrion-de-Pansey;
il est tems de démontrer qu'elle ne leur
présente aucun avantage.

Nous avons supposé que ce savant magistrat parlait des ordonnances royales, consi-
dérées sous le point de vue qui nous occupe, c'est-à-dire, lorsqu'elles règlent des
objets purement en rapport avec la justice
ordinaire ; or , ce n'est point là le sens de
son opinion. Le texte que nous avons cité,
se trouve dans le chapitre 28 du livre *de
l'autorité judiciaire*, qui a pour titre : *Du
contentieux administratif et des objets qui
par leur nature entrent dans sa compétence ;* l'auteur admet le cas particulier
d'une ordonnance qui attribuerait, au contentieux administratif, ce qui rentre dans
le contentieux judiciaire. Il s'agit donc
d'une espèce de conflit entre l'ordre judiciaire commun, et l'ordre judiciaire administratif. C'est une matière sur laquelle rien
n'est encore exactement fixé parmi nous.
« Toutes les lois organiques nous man-

« quent, disait, à ce sujet, M. Martignac,
« à la tribune de la chambre des députés ;
« nous vivons sous une monarchie légitime
« et tempérée, et notre système d'admi-
« nistration marche encore sur des res-
« sorts préparés pour une république ou
« pour une puissance usurpatrice et despo-
« tique (1) ». De toutes parts, on réclame
des lois positives en harmonie avec l'ordre
de choses qui nous régit, pour sortir enfin
du vague et de l'incohérence qu'ont apporté,
sur cet objet, les législations diverses qui
pèsent encore sur la France. Ces vœux seront sans doute accueillis. En attendant,
nous n'avons pas dû nous engager dans ce
dédale où l'expérience la plus consommée
peut elle-même s'égarer. Reste toujours que
M. Henrion-de-Pansey parle d'une ordonnance royale de justice administrative, et
non d'une ordonnance de puissance exécutive ; ce qu'il dit de l'une, ne peut, sous
aucun rapport, s'appliquer à l'autre ; et

(1) Voyez l'ouvrage de M. Dupin : *Des Magistrats*, pag. 133.

c'est de cette dernière seulement, et de ses effets par rapport aux droits privés confiés à la justice ordinaire, que nous avons voulu traiter dans le cours de cet écrit.

Avons-nous besoin, maintenant, de réfuter une objection tirée du serment que prêtent les magistrats ? Ils s'engagent, dit-on, à suivre et observer les lois et *ordonnances* du royaume : mais qui ne voit qu'il s'agit des ordonnances rendues conformément aux lois ? car s'ils observaient les ordonnances contraires aux lois, ils violeraient leur serment, en ce qui concerne les lois, et se trouveraient renfermés dans un cercle vicieux.

Est-ce bien sérieusement encore que l'on prétendrait, qu'il n'y aura plus d'uniformité dans la jurisprudence du royaume, certains tribunaux pouvant réputer obligatoires et légales des ordonnances que d'autres cours de justice tiendraient pour contraires aux droits ?

Mais la cour de cassation n'est-elle pas instituée pour redresser les erreurs de droit, et ramener l'administration de la justice à cette uniformité de principes qui fait sa force ; que peut-on craindre avec cette imposante autorité ?

Nous n'insisterons pas sur ces argumens, qui se réfutent presque d'eux-mêmes, et nous allons aborder la seconde proposition qui nous reste à démontrer.

§ II.

En écartant les ordonnances royales contraires aux lois, les tribunaux ne portent nulle atteinte à l'inviolabilité et à la haute puissance de la couronne.

Justinien, chef suprême et absolu de l'empire romain, a pu s'écrier : *Quis tantæ superbiæ fastidio tumidus est, ut regalem sensum contemnat* (1); le successeur d'Au-

_____

(1) *Leg.* 12, *cod. de leg. et constit.*

Ces maximes, trop favorables au pouvoir absolu, ont fait prohiber, autrefois, en Angleterre, l'étude du droit romain; les jurisconsultes anglais lui préférèrent les coutumes saxonnes ou normandes, et ils s'opposèrent constamment à son introduction dans leur pays.

Vid. Delolme, chap. VIII, liv. 1.er.

guste, investi de la puissance tribunitienne,
du consulat perpétuel, du souverain ponti-
ficat, ne devait voir, en effet, aucune autorité qui balançât les décrets de la volonté
du prince, érigée en loi d'après les maximes de la loi *regia : quod principi pla-
cuerit legis habet vigorem.*

Mais, concevrait-on l'application d'un
semblable principe à la monarchie consti-
tutionelle qui nous régit ?

Sous le gouvernement d'un roi qui a placé
lui-même des bornes à son pouvoir, qui a
voulu qu'il ne se manifestât que par l'organe de ministres *responsables*, on ne
pourra pas dire que les autorités, légalement constituées, méprisent l'opinion
du prince, en écartant et refusant d'appliquer ses ordonnances contraires aux lois ;
mais il sera vrai qu'ils rendent hommage à
la sagesse du monarque, parce qu'il est le
plus fidèle sujet des lois du royaume, comme
il en est l'immuable gardien.

Peu de mots suffisent pour dissiper les
doutes à ce sujet.

« Les ordonnances, dit M. Fiévée, his-

« toire de la session de 1816, pag. 77,
« sont le fait de l'autorité qu'on appèle
« *ministère* ; en les discutant, on n'attaque
« pas plus les privilèges de la royauté,
« qu'on n'attaque le roi dans les cham-
« bres, lorsqu'on y discute les propositions
« qu'y portent les ministres. Si on établis-
« sait la doctrine contraire, si les ordon-
« nances étaient le fait de la royauté, il y
« aurait deux législations, une que le roi
« ferait seul, une pour laquelle il aurait
« besoin de la coopération des deux autres
« pouvoirs. Peut-on admettre une telle con-
« tradiction, et où trouverait-on un peu-
« ple qui pût à-la-fois obéir à deux légis-
« lations ? il n'y aurait plus alors de cons-
« titution ».

« La doctrine sur la prérogative royale
« constitutionnelle, dit encore M. de Châ-
« teaubriand, est que rien ne procède di-
« rectement du roi, dans les actes du gou-
« vernement; que tout est l'œuvre du minis-
« tère, même la chose qui se fait au nom
« du roi et avec sa signature, projets de
« lois, *ordonnances,* choix des hommes.

« Ainsi on peut tout examiner sans blesser
« la majesté royale ; car tout découle d'un
« ministère responsable (1) ».

Certes, voilà des paroles décisives et une
imposante autorité. Ajoutons que l'opinion
de MM. de Châteaubriand et Fiévée est
partagée par des publicistes qui appartiennent à des nuances politiques fort distinc-
tes : ainsi la même doctrine est professée
par MM. Stanislas de Clermont-Tonnerre,
Benjamin Constant, de Pradt ; et, sur ce
point important, les hommes les plus éclairés sont unanimes.

L'opinion contraire a pu être invoquée,
dans l'origine de l'action du gouvernement
représentatif, par des mandataires de la
couronne, jaloux de placer leur responsabilité sous la protection de l'inviolabilité
royale ; mais elle est demeurée une pure
théorie ministérielle, anéantie par le ridi-
cule, le jour qu'un ministre, lui-même, eut
la naïveté de démentir ce système, en répon-

---

(1) Monarchie selon la charte, chap. 4.

dant à ceux qui lui opposaient les droits de l'initiative royale, ces mots célèbres : *Nous la changerons*. Cette fausse doctrine est donc désormais sans défenseurs, et l'on ne tenterait plus de la faire prévaloir sur des principes qui paraissent définitivement consacrés.

Parmi les auteurs que nous avons cités, il en est qui, pour expliquer les faits du gouvernement représentatif, distinguent le pouvoir royal du pouvoir exécutif : le pouvoir exécutif est, disent-ils, le pouvoir agissant et responsable, il s'exerce par les ministres ; le pouvoir royal est le régulateur des autres pouvoirs, il est inviolable, sans responsabilité, et réside exclusivement dans la personne du roi (1).

Nous n'avons pas besoin, comme on le

---

(1) Notre constitution, en établissant la responsabilité des ministres, sépare clairement le pouvoir ministériel du pouvoir royal. Le seul fait que le monarque est inviolable, et que les ministres sont responsables, constate cette séparation........ Le pouvoir royal est un pouvoir neutre ; celui des ministres est un pouvoir actif. (*Benjamin Constant* : Principes de politique, pag. 33 et 34).

verra bientôt, d'admettre cette théorie qui
nous paraît plus ingénieuse que solide, et
nous concluons de ce qui précède, qu'une
ordonnance royale, statuant sur des droits
privés dont le maintien est sous la protection de la justice, peut être examinée, écartée même par les tribunaux, et que la majesté royale n'en recevra aucune atteinte.
Car c'est un acte du pouvoir exécutif
exercé de fait par le ministère responsable;
cet acte ne procède pas directement et per-
sonnellement du roi; il est l'ouvrage de ses
ministres qui, seuls, doivent en supporter
toute la responsabilité.

Rappelons, ici, l'importante distinction
que nous avons précédemment établie,
d'après l'autorité de Portalis, entre les lois
et les ordonnances: celles-ci, destinées à
régler des détails accidentels et de prévoyance administrative, variables comme
les circonstances qui les ont fait naître, sont
des actes de magistrature; celles-là, imposant des devoirs, créant ou modifiant des
droits, sont des actes de souveraineté.

Les lois émanent du gouvernement du

roi, irresponsable parce qu'il exprime la
volonté de la société ; les ordonnances sont
le fait du ministère qui, n'étant qu'un agent
supérieur du gouvernement délégué pour
mettre en action la volonté de l'État, ne
peut, en aucun cas, déroger aux lois, puisqu'il est responsable de leur exécution envers les grands pouvoirs de l'ordre politique.

Pour repousser ces notions confirmées
par l'expérience, il faut en venir à confondre les ministres et le gouvernement du roi,
c'est-à-dire, le pouvoir suprême avec ses
agens officiels. Si cette erreur, subversive
de l'ordre social, trouve encore des parti-
sans, on doit croire qu'ils n'en ont pas
pesé les conséquences ; l'histoire va les
démontrer.

Les faibles héritiers de Clovis, plongés
dans une molle indolence, se reposèrent du
soin de leurs États sur un des principaux
officiers du palais, qui ne tarda pas à s'in-
vestir de toute l'autorité. Il réunit, au
commandement des armées, la direction
de la justice et des finances, en un mot,

selon l'expression d'Aimoin : *Palatium cum regno gubernabat* (1).

La majesté royale s'étant effacée aux yeux des peuples devant le pouvoir des *maires du palais*, ils parurent seuls constituer le gouvernement ; ils en avaient les fonctions et les prérogatives : un titre leur manquait, le pas était facile à franchir ; et, dans cette succession de puissans ministres, le plus habile consomma, sans obstacles, une usurpation qui n'excita pas le moindre trouble dans l'État.

Les fautes sont toujours graves en politique, car elles entraînent à leur suite d'éclatantes disgrâces.

On tomberait, encore, dans une étrange confusion d'idées, si, pour mettre une ordonnance royale à l'abri de la critique et de l'examen des tribunaux, selon les circonstances que nous avons indiquées, on osait invoquer l'opinion du monarque et prétendre que le *sensus regalis* est compromis par

---

(1) Loyseau : Traité des offices de la couronne, pag. 409.

cet examen. La royauté n'émet pas d'opinions : elle manifeste la volonté sociale que les délibérations des corps politiques lui révèlent ; son mandement est la voix souveraine à laquelle tout doit obéir sans hésitation.

Mais si nous considérons la royauté dans son essence, nous arriverons à des résultats aussi positifs.

L'autorité du prince ne réside à une si grande élévation dans l'ordre social, que parce qu'elle est l'alliance de la force avec la justice (1).

---

(1) La division politique des offices de France, dit Loyseau, comprend ceux des armes, de la justice, et des finances : « Ces « trois fonctions, ou puissances diverses, sont les trois fleurons « de la couronne, ou, pour mieux dire, les trois fleurs de lys « des armoiries de France, où les armes et la justice, comme « les deux principales, sont posées d'égale hauteur : aussi sont- « elles représentées par le sceptre et la main de justice que nos- « tre roi tient en chaque main : et, quant aux finances, comme « n'estant si nobles que les deux autres, et pour autant néan- « moins que ce sont les nerfs de l'État, elles sont représentées « par la troisième fleur de lys qui est au bas des deux autres ». *Traité des offices, liv.* 1.er, *pag.* 15.

La justice en est donc un élément essentiel et constitutif.

Mais, comme la justice n'est, en définitive, que la volonté de rendre à chacun son droit, suivant l'ordre des lois, il s'ensuit que, lorsqu'il y a violation de la loi dans un acte attribué au pouvoir royal, il y a absence de la justice elle-même.

Un tel acte ne peut plus être considéré comme émané légitimement de la puissance du prince ; il devient contraire à son essence, et n'est plus que l'œuvre d'une force aveugle qui n'est pas l'autorité royale.

Dès-lors, la responsabilité du ministre qui l'aurait souscrit commence, car c'est à à lui seul qu'on doit imputer la violation de la justice : mais on voit que le pouvoir royal est hors de toute atteinte ; il n'est plus là, puisqu'il ne peut se trouver que dans l'union de la force et de la justice.

Quant aux juges, leur devoir est de conserver à chacun de leurs justiciables les droits qu'ils tiennent de la loi elle-même, et ils se rendraient complices de la violation, en soumettant la loi à l'ordonnance.

Ces principes expliquent comment la responsabilité ministérielle s'accorde avec l'inviolabilité de la couronne, et comment les
tribunaux rendent hommage aux prérogatives royales, en ne déférant pas aux actes
de la puissance exécutive contraires ou
dérogatoires aux lois du royaume.

Par là notre seconde proposition se trouve
justifiée.

Ainsi, nous croyons avoir démontré, que
les tribunaux ne doivent réputer obligatoires que les ordonnances et règlemens conformes aux lois et rendus pour leur exécution.

Telle est la conséquence qui nous semble
découler des dispositions de la loi constitutionnelle de l'État, qui seule nous offre
une voie sûre entre les doctrines révolu-
tionnaires et les doctrines du pouvoir absolu.

Après tant d'orages et d'oscillations politiques, nous avons besoin d'un port de salut et de repos; il est dans la charte.

Monument de la sagesse de Louis, son
successeur veut le maintenir et le consoli-

der ; par amour pour nos rois , rallions-nous donc à l'ordre de choses qu'ils ont régénéré.

Nous trouverons, dans ses développemens, la solution du problême qui tend à unir la plus grande force monarchique à toutes les libertés dont les peuples doivent jouir;

Et le gouvernement légitime , d'accord avec ses principes , repoussera toujours l'arbitraire , puissance d'un jour , instrument de destruction , pour ne régner que par les lois dont l'action vivifiante et douce assure la durée et le bonheur des États.

CHAPITRE V.

RÉSUMÉ ET CONCLUSION.

LE plus grand bienfait que la Providence
puisse accorder à un peuple est, sans doute,
de le rendre unanime sur tous les points
qui intéressent les affaires publiques et leur
administration.

Une constitution écrite déterminant, d'a-
près les leçons de l'expérience, les attributions des pouvoirs politiques, et réglant
avec sagesse leur mode d'action, devrait,
ce semble, nous rapprocher de cette una-
nimité si précieuse ; et cependant, inter-
prétée par l'esprit de parti, commentée par
des souvenirs inquiets ou des espérances
coupables, tout est encore en discussion
parmi nous, comme si nous ne formions
qu'une réunion d'hommes fortuite, sans
avenir et sans passé.

Selon les uns, la force seule crée et soutient le pouvoir ; selon les autres, fondé sur
le droit divin, le pouvoir ne peut s'accom-

moder des constitutions humaines qui en altèrent l'essence en lui imposant d'impies entraves.

Pour nous, qui pensons que l'ordre et le repos de la société n'ont de base solide que sur les institutions, il n'y a de souverain et d'absolu que la justice, il n'y a d'autorité légitime que celle qui est circonscrite dans les limites que lui tracent la justice et les droits des individus.

Ainsi, cherchant à préciser, dans cet écrit, les bornes légales de l'action du pouvoir royal, en matière de législation, pour écarter les objections puisées dans les idées d'une souveraineté illimitée, qui rentrerait dans le droit général, en violant les règles qui établissent ces bornes, nous avons commencé, d'abord, par démontrer que, si l'autorité royale était de droit divin, dans l'intérêt public, néanmoins, les formes de son organisation et de son exercice pouvaient être fixées par des lois écrites, sans altérer sa nature et sans nuire aux grands intérêts placés sous la sauvegarde de cette auguste puissance.

Au sentiment du pouvoir qui vit dans les
cœurs, il faut joindre la conviction des
esprits, qui le confirme ; car, comme le
disait naguère un illustre écrivain : « Nous
« en sommes au positif des monarchies,
« l'âge des fictions est passé en politique.
« On ne peut plus avoir un gouvernement
« d'adoration, de culte et de mystère.......
« Rien n'est plus possible hors des limites de
« la raison ». Ainsi, c'est servir la cause du
pouvoir royal, que d'apprécier ce qui, dans
son action, est légitime et juste, pour montrer ce qu'il doit éviter comme arbitraire et
illégal.

C'est dans ce but que nous avons inter-
rogé les usages et les traditions de nos ancêtres, où se retrouvent les élémens de notre
droit public.

Après avoir rappelé l'origine des idées qui
en avaient obscurci ou dénaturé les notions,
et montré d'où provenaient les opinions qui
ont concouru à l'établissement d'un pouvoir
absolu, que nos plus anciennes institutions
nationales semblaient repousser ; en développant les détails de notre sujet, nous avons

établi : qu'autrefois la royauté seule ne pouvait ni changer, ni faire les lois ; que', d'a-
près ce principe, long-tems nos rois recom-
mandèrent, eux-mêmes, aux tribunaux de
juger selon les lois, et non selon leurs ordonnances;

Que si, durant les derniers siècles de la
monarchie, l'absence des pouvoirs politiques, qui jadis balançaient l'influence de
l'autorité royale, avait donné aux ordonnances générales des rois le caractère de
lois, toutefois, avant de recevoir leur exécution, ces ordonnances étaient soumises à
la formalité d'un enregistrement ou d'une
vérification de la part des autorités judiciaires, ce qui les distinguait des ordres et
rescrits privés du prince, dont jamais la
force obligatoire n'a été reconnue dans les
cours de justice du royaume.

Les tems écoulés entre le renversement
de l'ancienne constitution de la France et
la restauration de l'autorité légitime, ont
été marqués par une désolante anarchie dont
nous avons écarté les funestes souvenirs,
et par l'élévation d'un pouvoir militaire

dont nous ne nous sommes occupés que
parce qu'il s'était revêtu, en apparence, de
formes légales qui ont servi de transition au
rétablissement de la monarchie tempérée.

Nous avons montré ce pouvoir usurpateur,
qui ne fut qu'un épisode de la révolution,
fidèle à la violence qui l'avait créé, se
jouant de ses propres lois, envahissant bientôt les pouvoirs modérateurs que sa constitution sembla reconnaître ; les décrets du
chef de l'État imposés aux tribunaux comme
des lois ; et s'ils ont encore conservé ce caractère, nous avons fait voir que c'est en vertu,
non d'une force légale qu'ils n'ont jamais
eue, mais d'une force nécessaire, jusqu'à
ce qu'ils aient été régulièrement abrogés.

D'après ce que nous avons retracé dans
les premières parties de cet écrit, on a dû
reconnaître avec quelle admirable sagesse,
le grand prince qui a rendu à la France
son rang et sa dignité parmi les nations,
aux Français leurs libertés et leurs droits,
a recueilli les vrais principes de nos institutions primitives, et comment, dans sa
charte royale, *il a cherché à renouer la*

chaîne des tems que de funestes écarts avaient interrompue (1).

Répétons qu'aujourd'hui , comme dans l'ancienne France , la législation est l'expression de la volonté de la société , le roi est l'organe de cette volonté ; mais seul il ne peut la constituer , et par conséquent il ne peut seul créer ni modifier les lois.

Ce pouvoir appartient à la réunion du roi, de la chambre des pairs et de la chambre des députés.

Le roi s'est réservé le droit de veiller à l'exécution des lois , et d'y pourvoir en traçant les mesures règlementaires et de détail que les circonstances rendent nécessaires.

L'application des lois civiles est confiée à l'autorité judiciaire , qui s'administre , au nom du roi , par des magistrats inamovibles , indépendans , ne relevant que de la loi même ; organes impassibles de la législation , ils ne doivent parler que son langage, n'appliquer que les principes consacrés par elle.

---

(1) Préambule de la charte.

Les ordonnances de la puissance exécutive ne pouvant obliger les citoyens d'une
manière absolue, les tribunaux auront donc
la faculté d'écarter l'application des ordonnances contraires ou dérogatoires aux lois
de l'État.

En exerçant cette faculté, les magistrats
de l'ordre judiciaire remplissent leur mission, ne portent atteinte ni au pouvoir des
chambres, ni aux attributions de l'autorité
administrative supérieure ; enfin, loin d'at-
taquer par-là les hautes prérogatives de la
royauté, ils lui rendent, au contraire, un
solennel hommage.

Après avoir repoussé les objections qu'on
prétendrait élever contre ces principes, nous
avons établi les droits essentiels et consti-
tutifs de toute justice distributive dans une
monarchie limitée par de sages institutions,
et signalé les devoirs que la charte constitutionnelle a rigoureusement imposés aux
magistrats.

Qui pourrait donc les empêcher d'y satisfaire ?

L'incertitude ou l'ignorance ? Mais ces

devoirs sont tracés en caractères si précis ,
qu'ils éclatent à tous les yeux.

La crainte de déplaire ou d'encourir des
disgrâces? Mais, sous un prince bienfaisant
et juste, on ne déplaît qu'en se montrant
déloyal ou prévaricateur ; et les hauts
mandataires de sa puissance , jaloux de la
conserver pure , proclameraient encore , s'il
en était besoin, ces nobles leçons que , dans
un siècle de troubles et de désordres , un
vertueux chancelier fit entendre à des juges
qui cédaient aux corruptions de leur tems :
« Sachez qu'un juge craintif à peine fera
« jamais le bien ; la volonté sera bonne , et
« la peur qu'il aura d'offenser le roi et les
« grands, gâtera tout ; il jugera pour le plus
« fort, et avisera un expédient , pour les
« contenter, qui ne sera justice (1) ».

Laissons ces vaines suppositions : les magistrats aujourd'hui connaissent leurs devoirs, tous savent que ce n'est qu'en les
accomplissant , dans toute leur étendue ,
qu'ils peuvent mériter la bienveillance et

---

(1) Le chancelier de L'Hôpital au parlement de Paris en 1567.

les faveurs des chefs de l'État. — Ils savent, comme Étienne Pasquier, qu'en refusant leur appui à des volontés illégales, les juges ne seraient point estimés rebelles : « *Ains meilleurs et plus fidèles serviteurs* ».

Je dois, disait ce savant avocat-général, *la vérité à mon roi ; c'est une charge foncière annexée à ma conscience et à mon état, dont je ne me puis dispenser sans commettre félonie envers lui.*

Les principes que nous nous sommes efforcé de combattre, seraient nouveaux parmi nous, tendraient à faire revivre les abus de l'usurpation impériale, à violer la loi fondamentale qui nous régit, et à nous placer, enfin, sous les liens d'un arbitraire que nos ancêtres ne subirent en aucun tems.

La doctrine que nous avons développée est constitutionnelle ; elle est encore toute française, en harmonie avec les traditions de l'ancienne monarchie, qui n'était point, selon Laroche-Flavin, *un royaume absolu où la volonté du roi est loi,..... sa parole arrêt.*

Nous osons croire qu'en l'adoptant, les

magistrats répondent aux nobles pensées du prince.

Charles, digne héritier d'Henri IV, sait, comme son aïeul, que la justice vient du ciel, que les rois ne sont puissans que par elle; que nulle action ne doit intervertir ses règles. Ainsi, s'adressant aux corps judiciaires de sa capitale, il leur a dit : « JE « VOUS DONNE LA FORCE PAR MA PUISSANCE, « VOUS ME LA RENDEZ PAR LA JUSTICE ». Ces paroles renferment dans une admirable précision les droits du pouvoir souverain, les devoirs des juges, et notre écrit en est le fidèle commentaire.

FIN.

BORDEAUX, IMPRIMERIE DE HENRY FAYE,

www.ingramcontent.com/pod-product-compliance
Lightning Source LLC
Chambersburg PA
CBHW071837200326
41519CB00016B/4151